# Erfurt
## Ein Streifzug durch die Altstadt

Bettina Bauch

&

Eckhard Schmittner

Impressum

© 2019, Bettina Bauch, Eckhard Schmittner

Titel: Erfurt

Untertitel: Ein Streifzug durch die Altstadt

Coverbild: Bettina Bauch

Covergestaltung: Eckhard Schmittner

Alle Rechte vorbehalten.

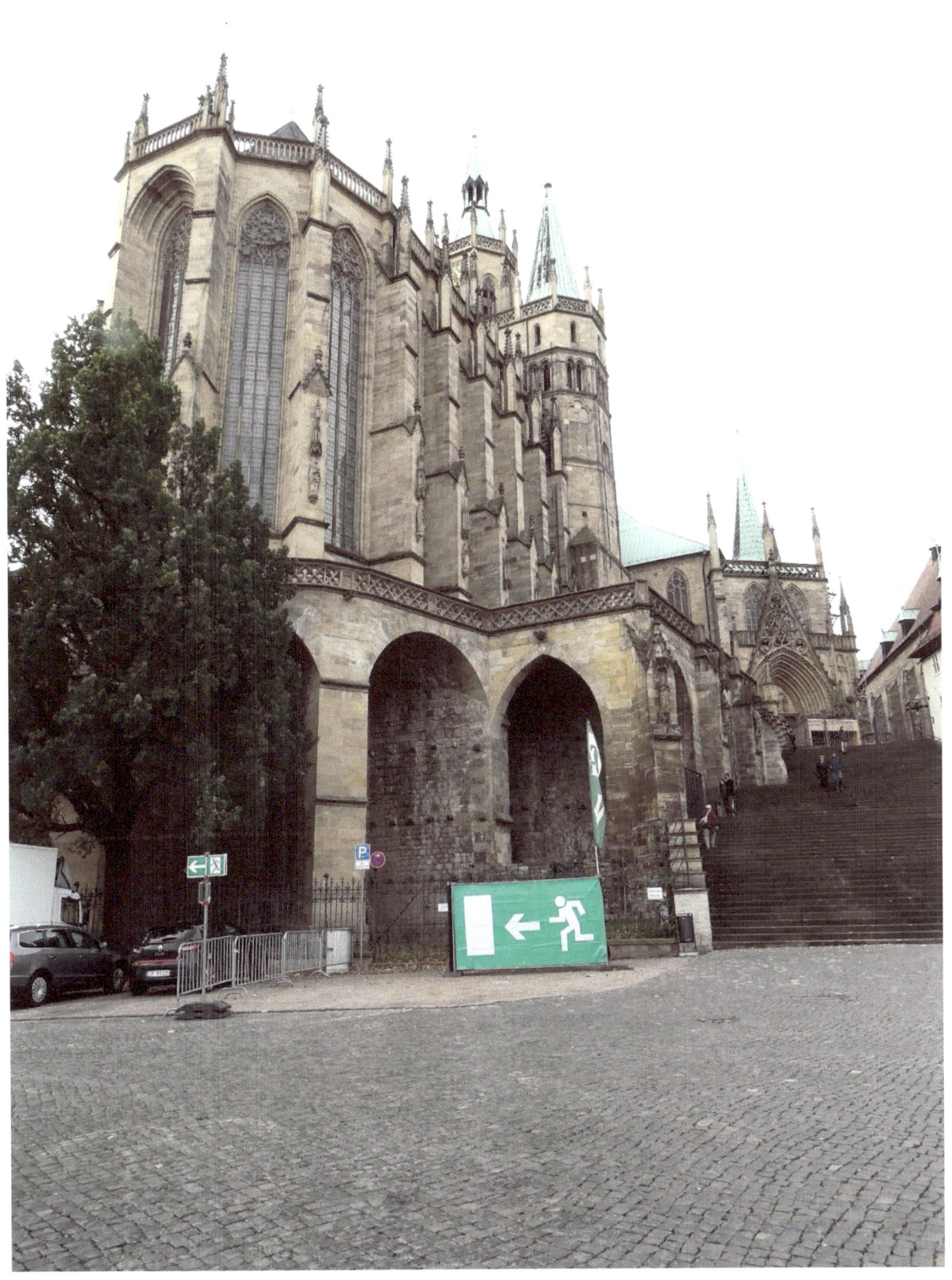

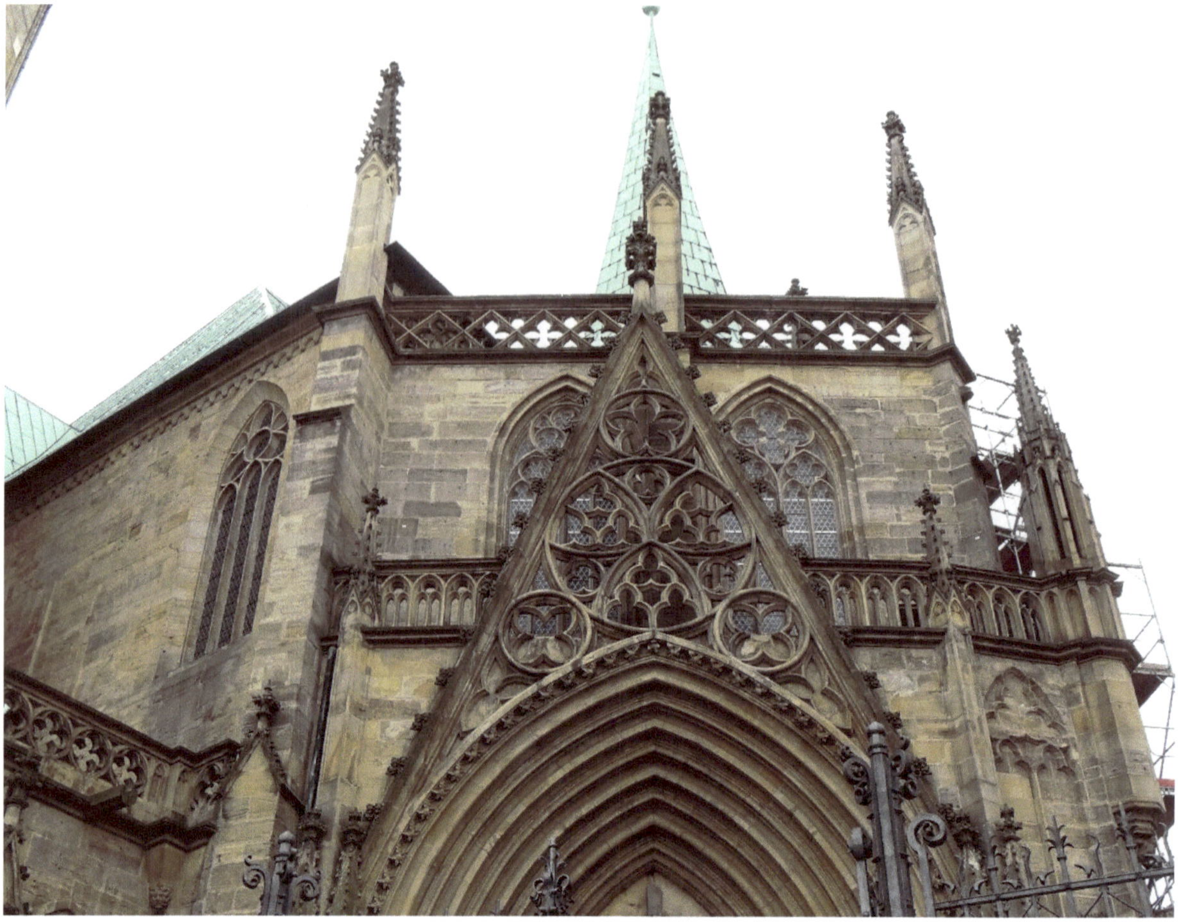

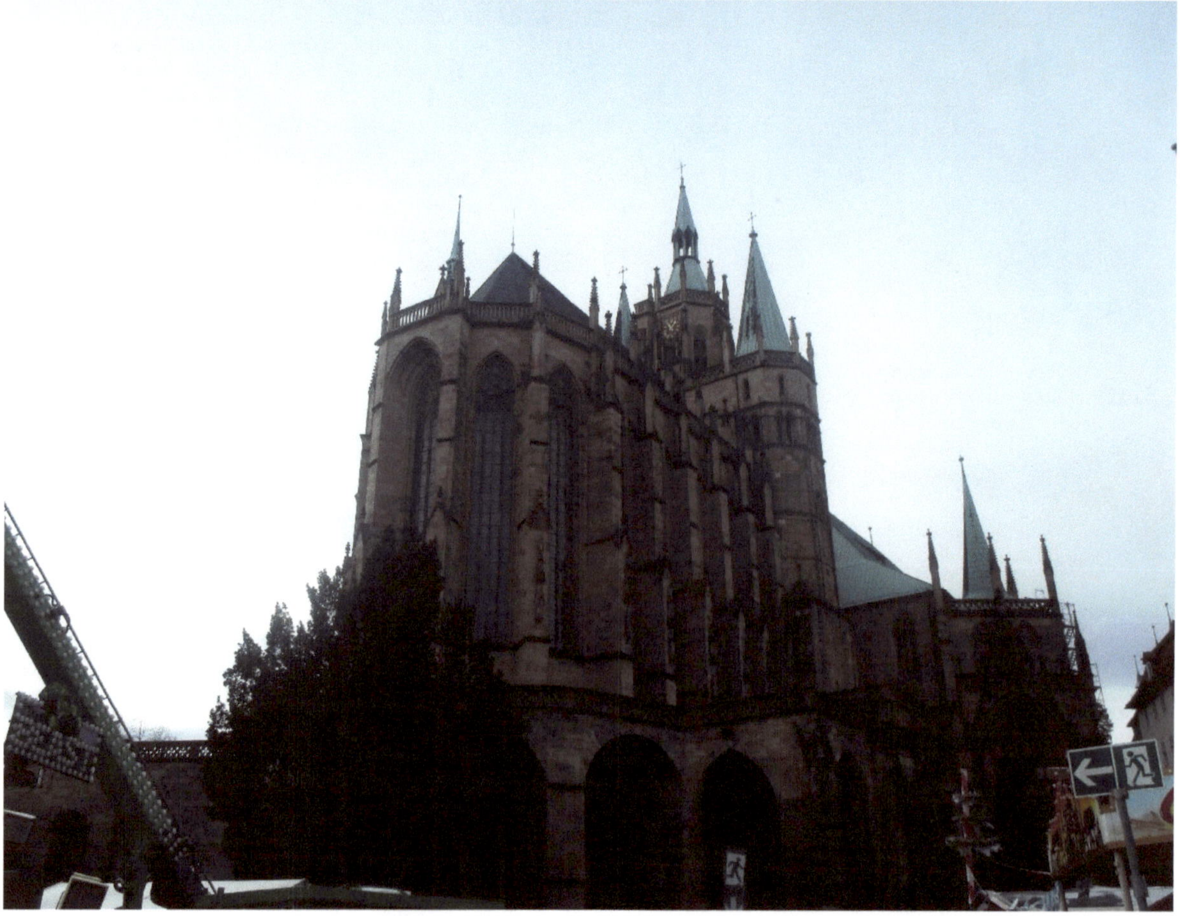

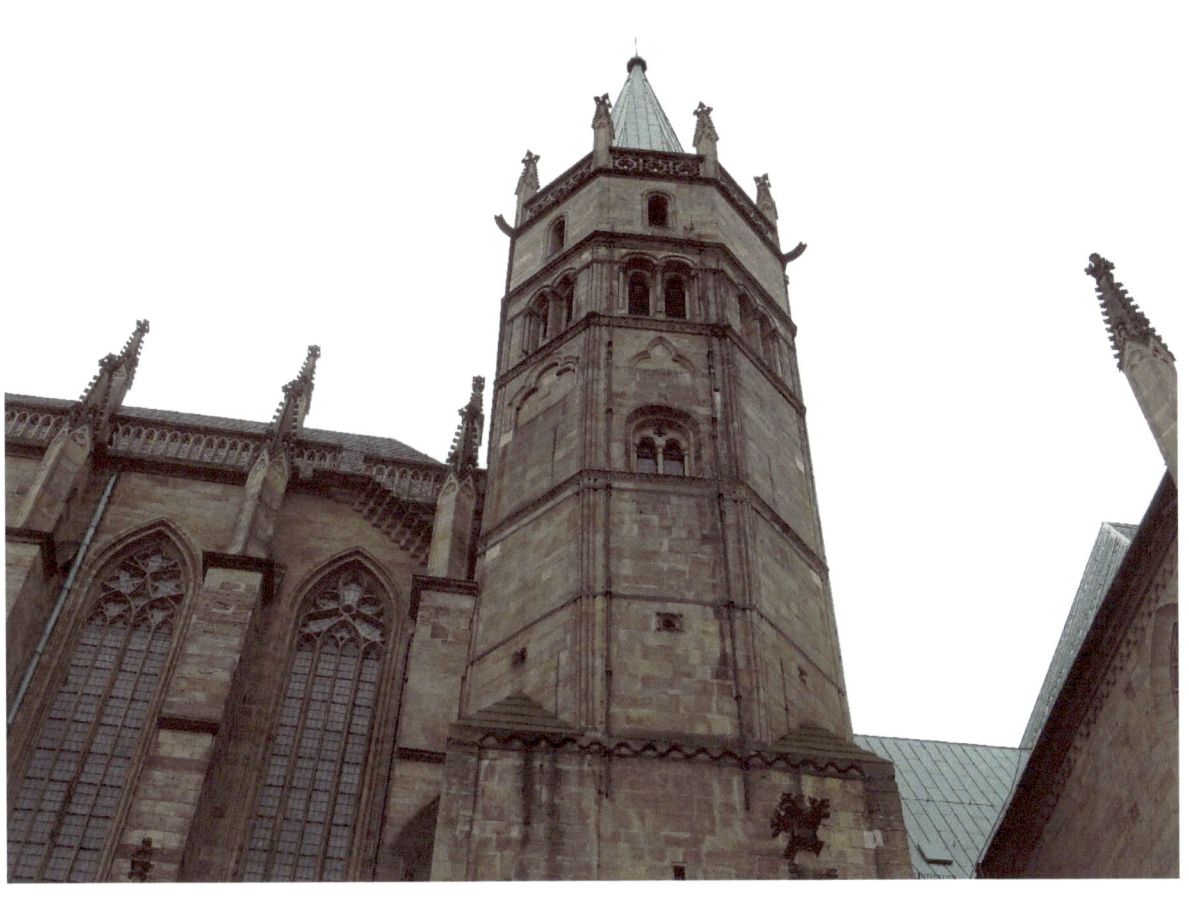

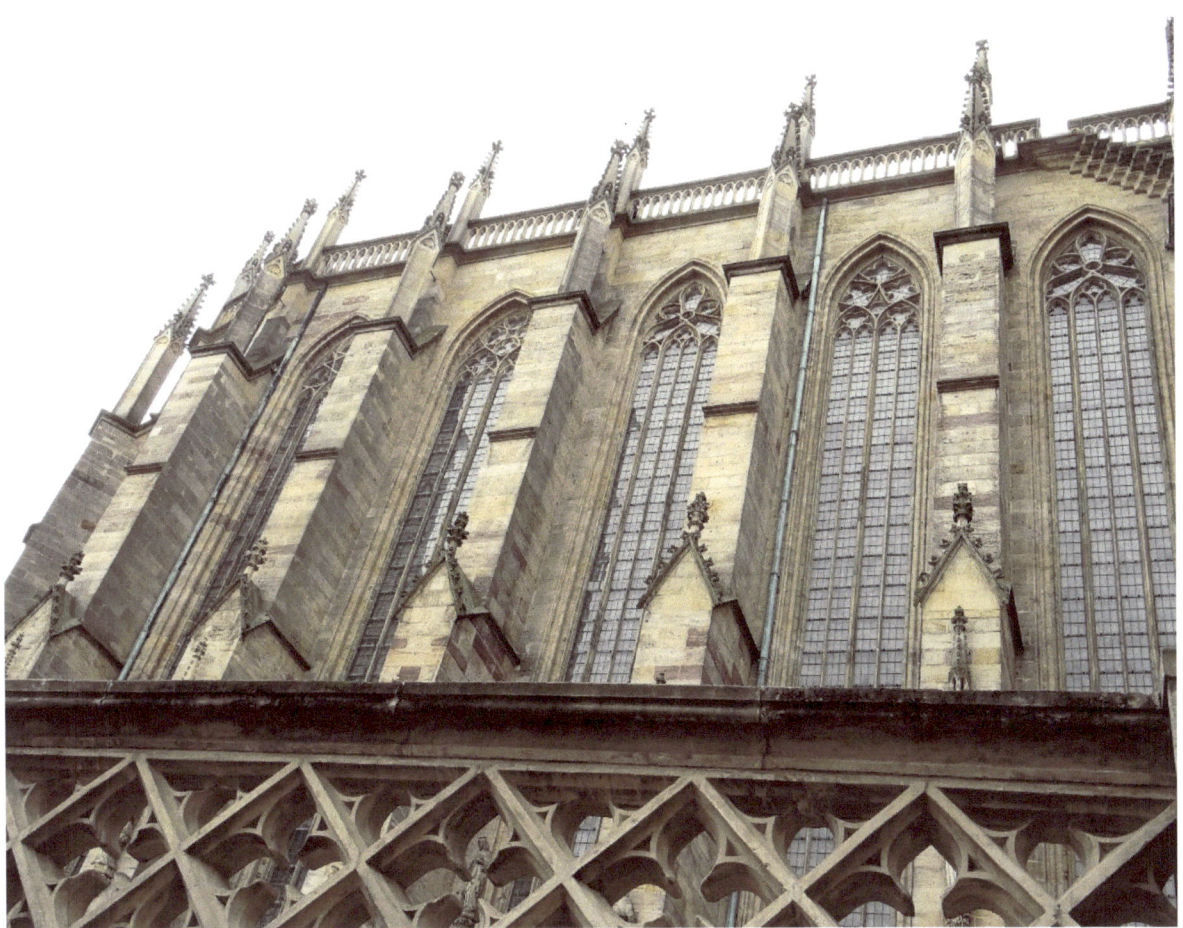

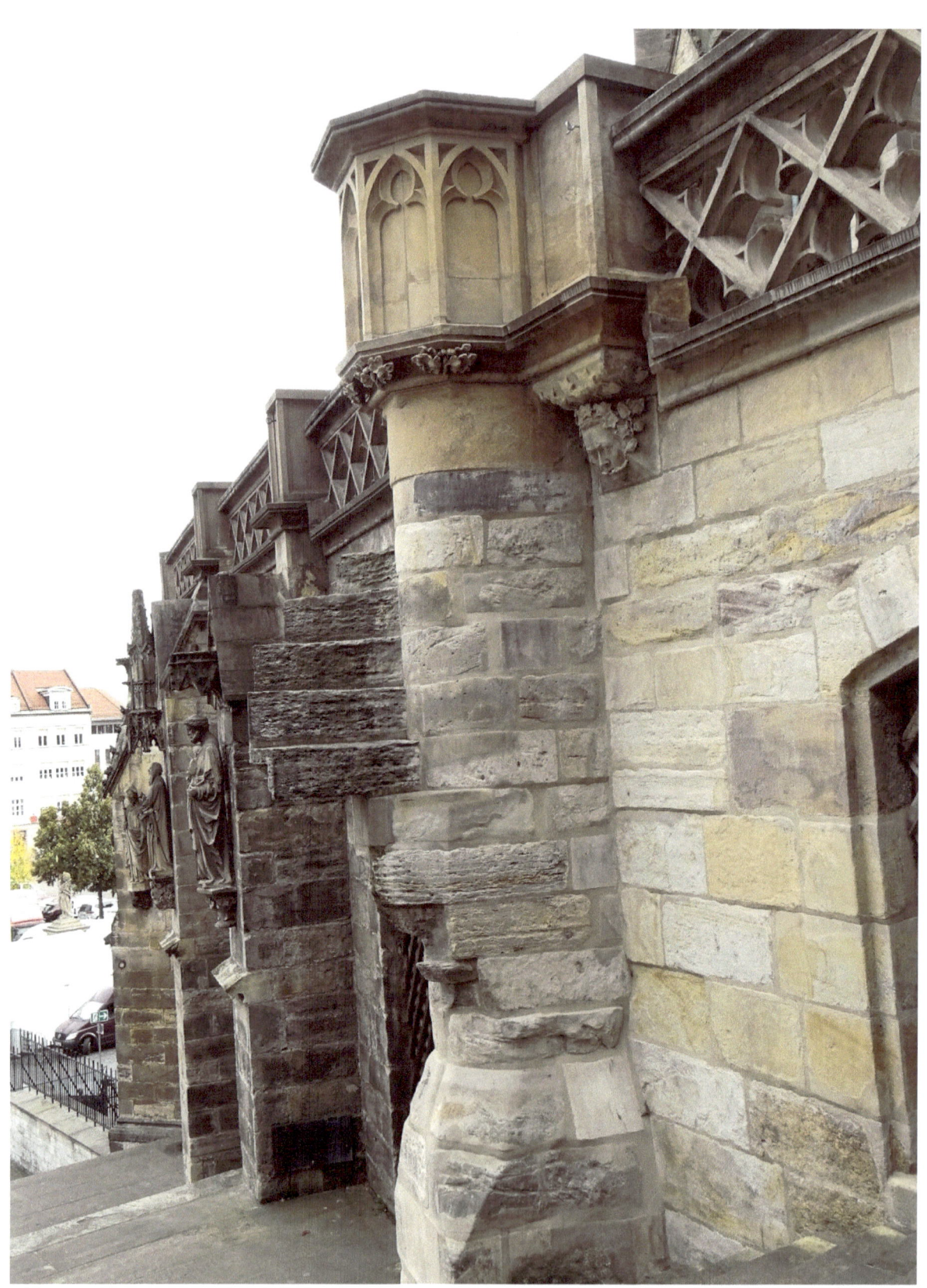

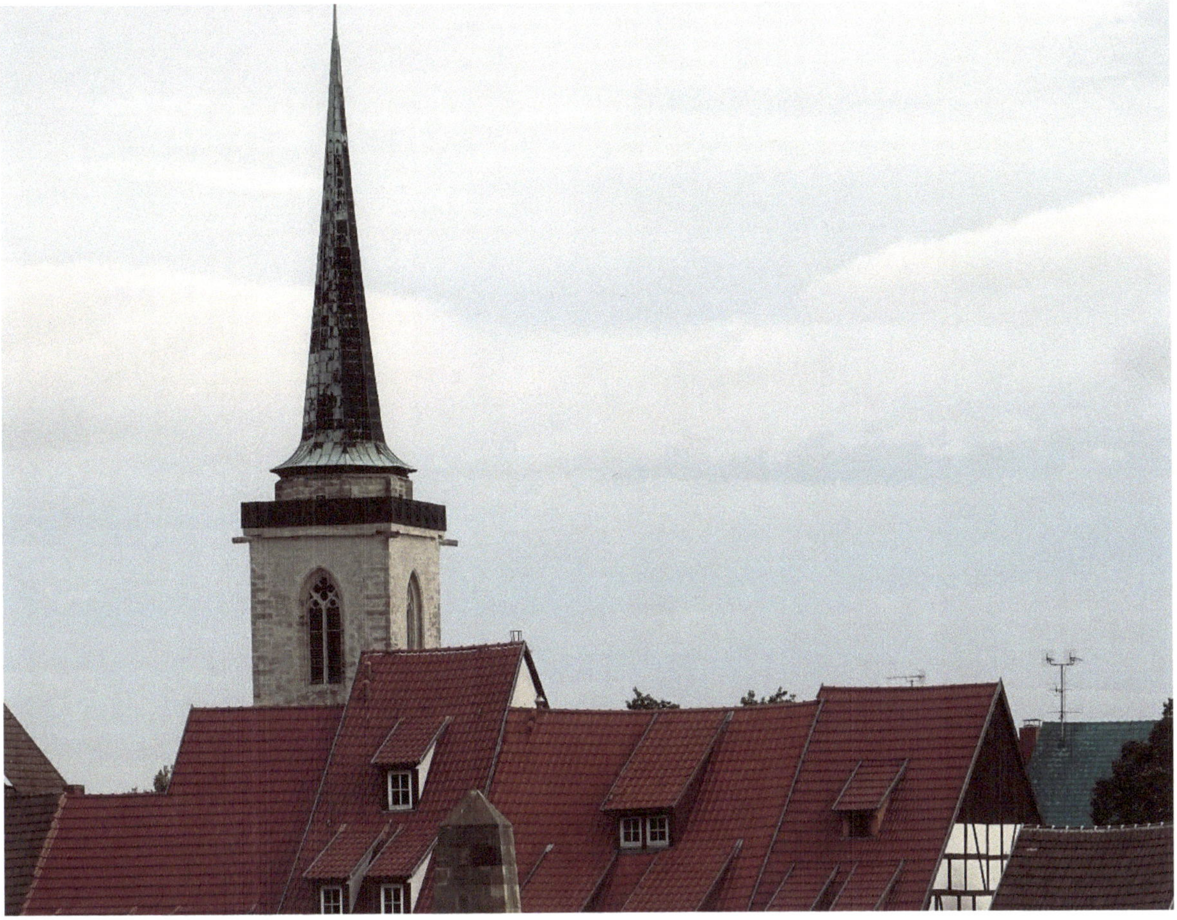

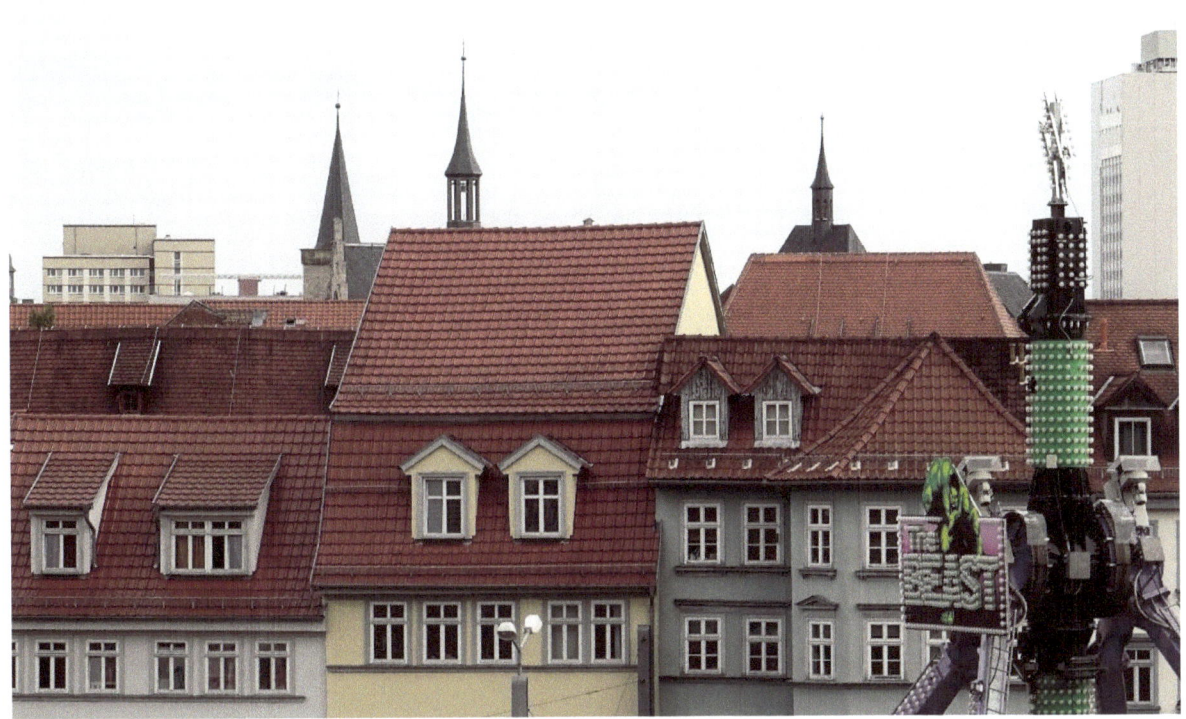

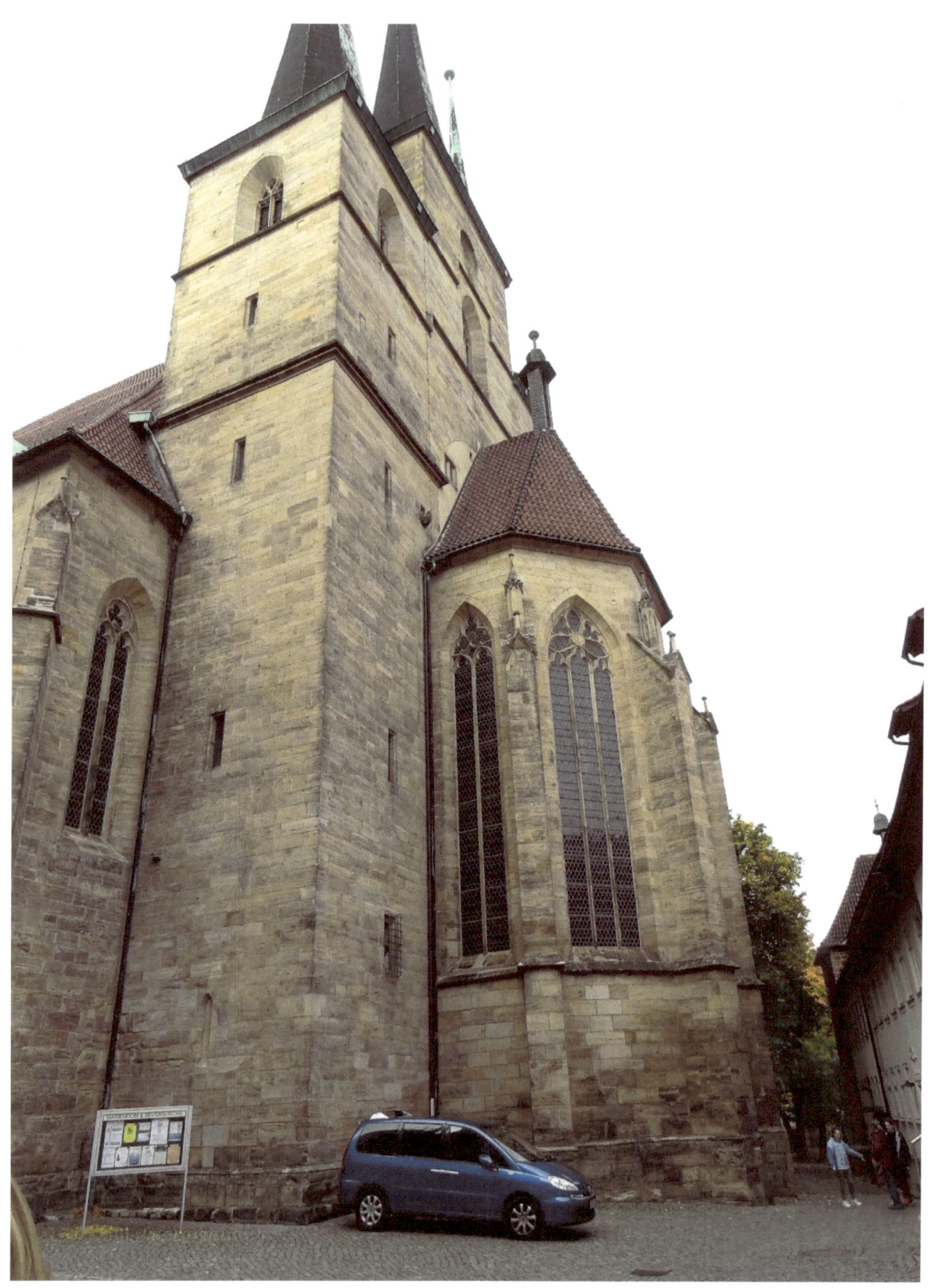

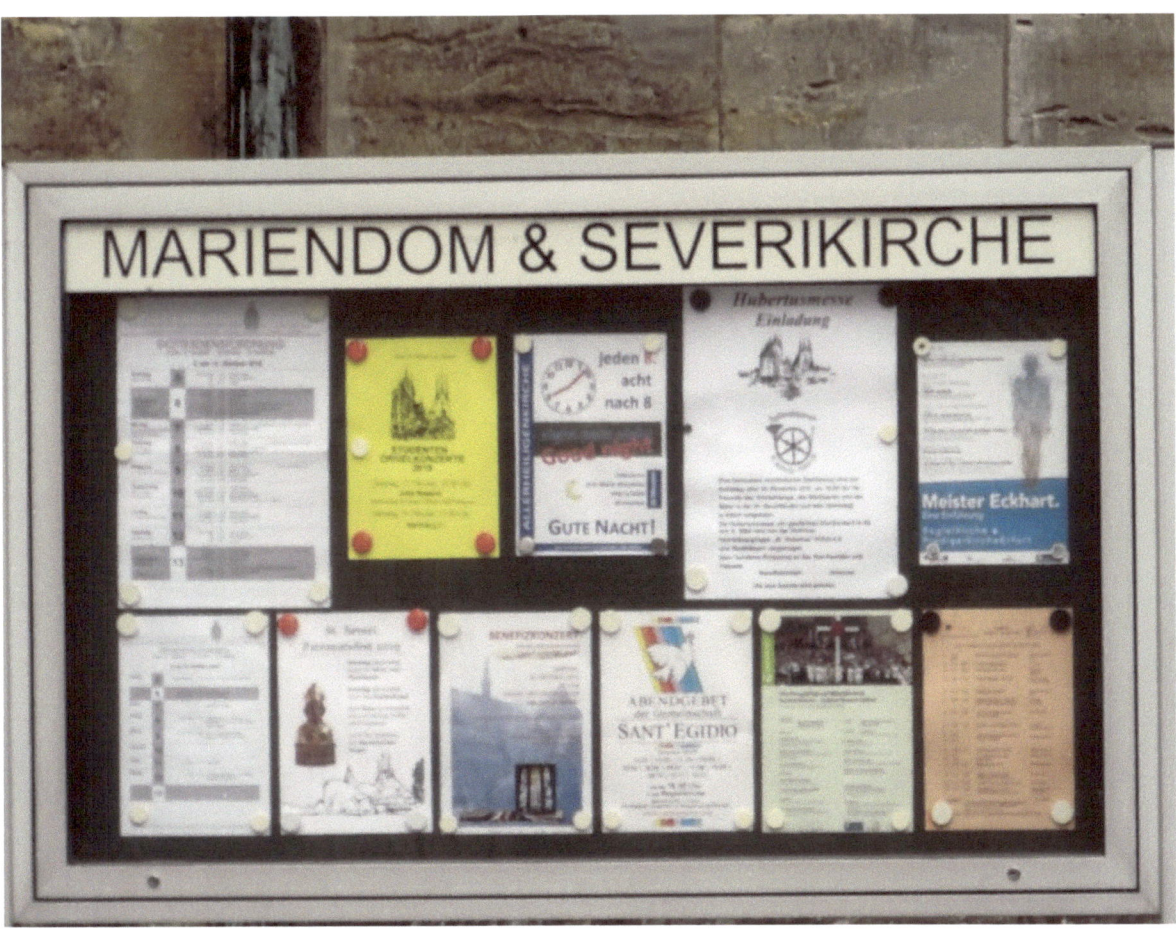

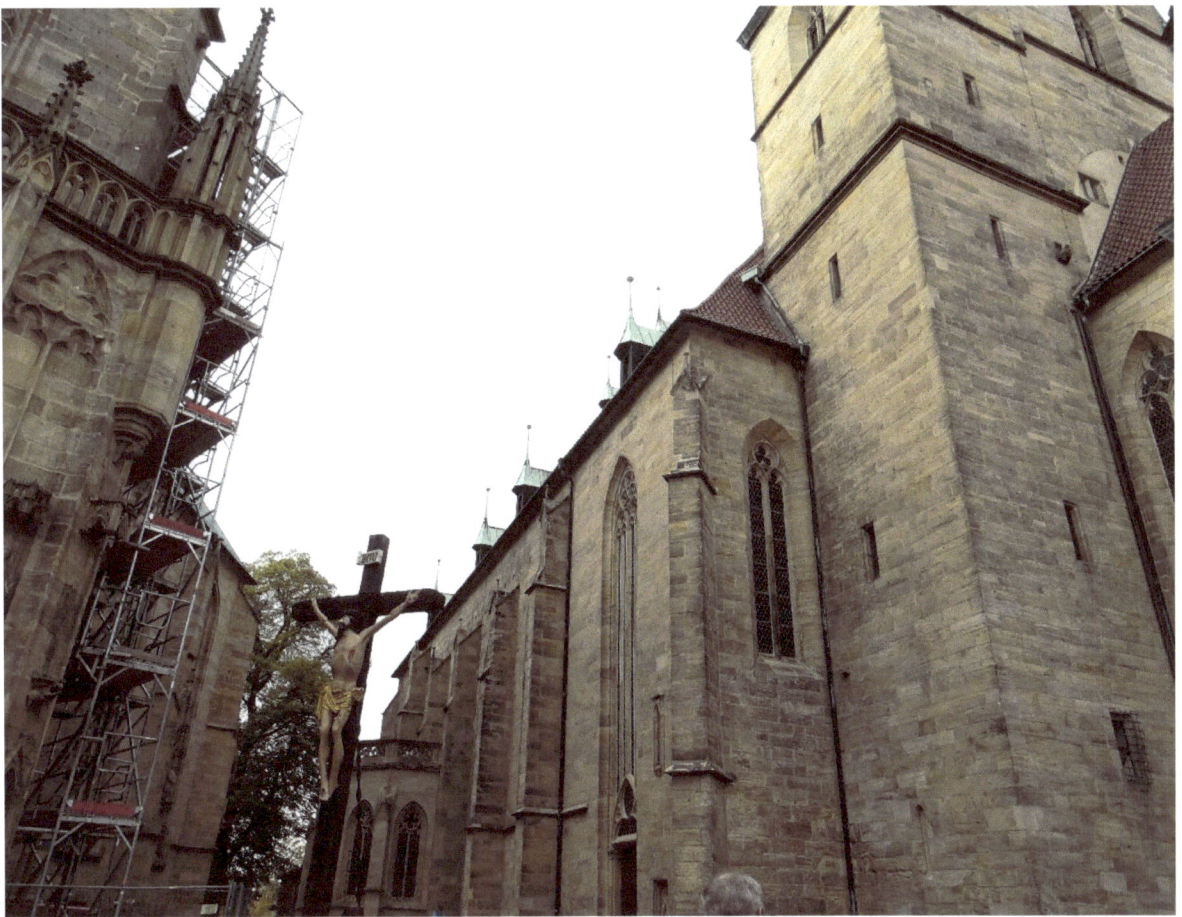

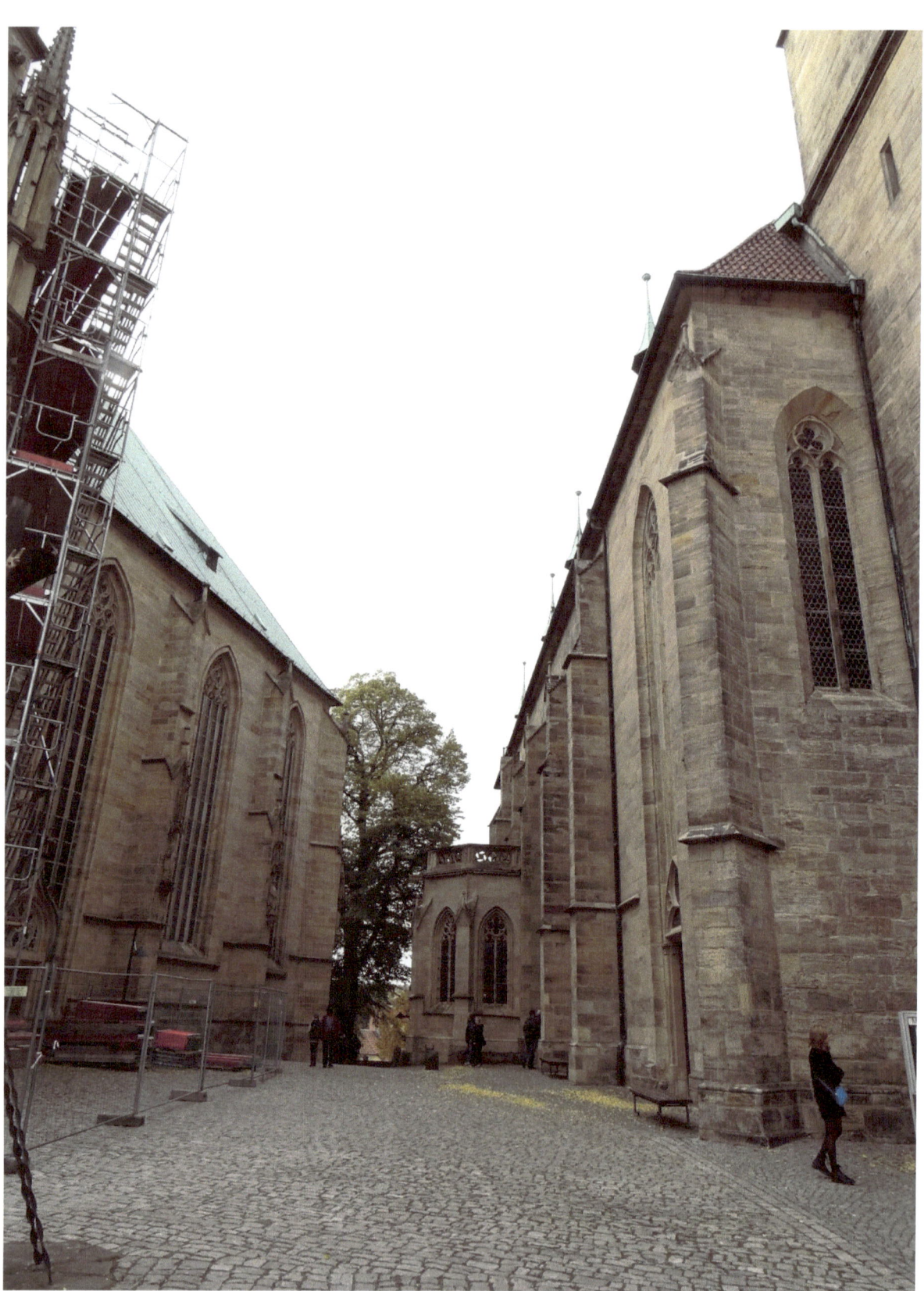

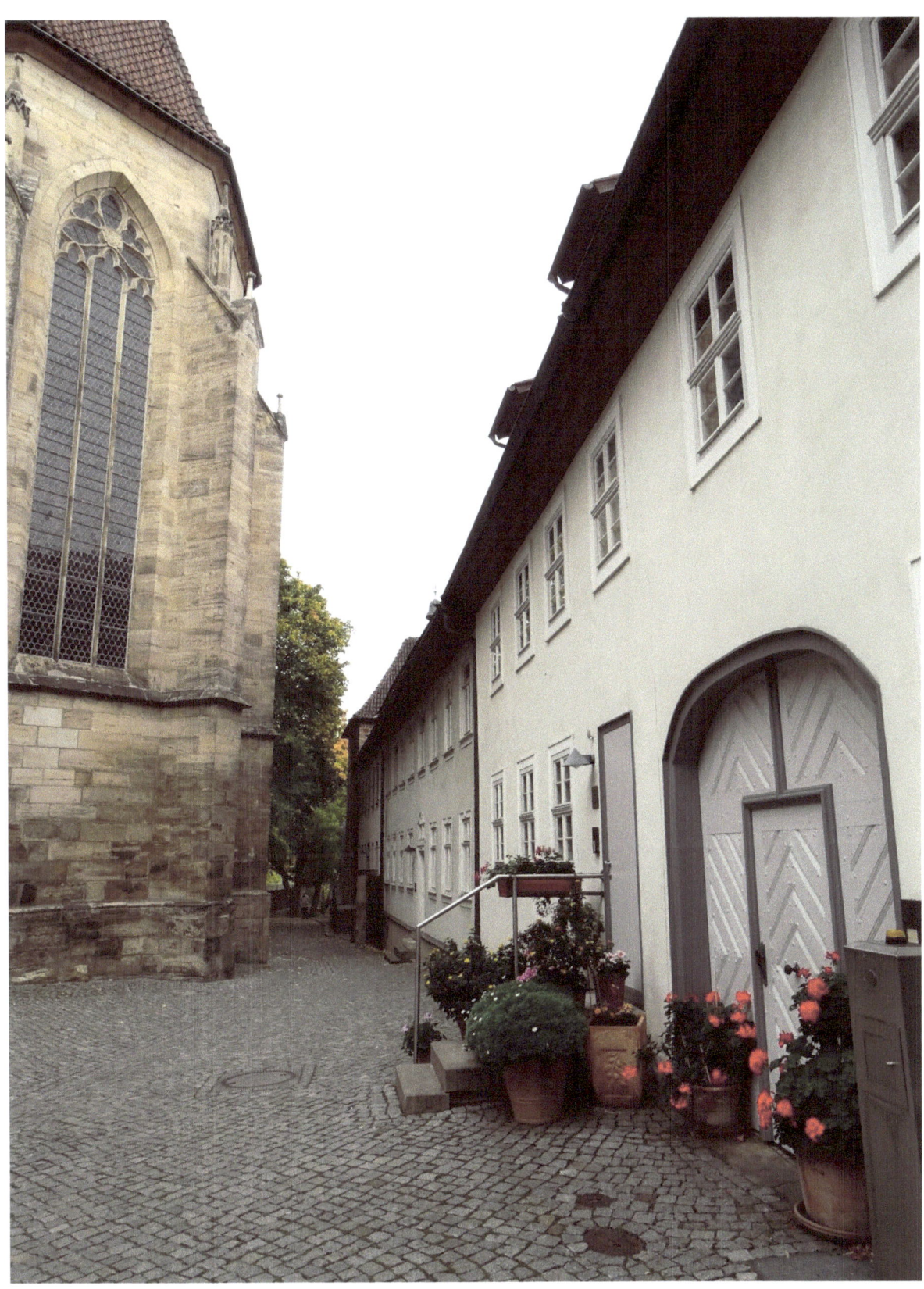

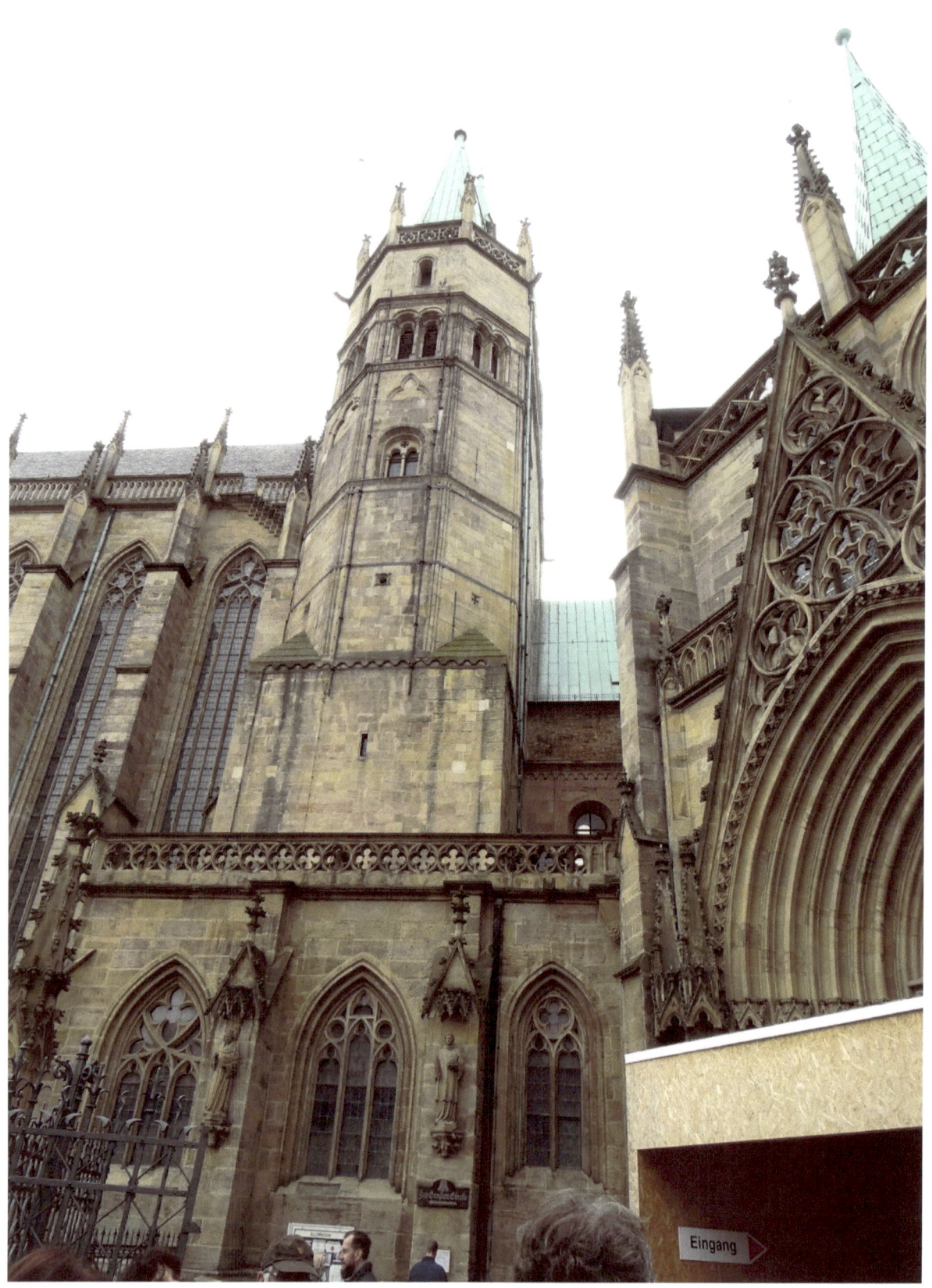

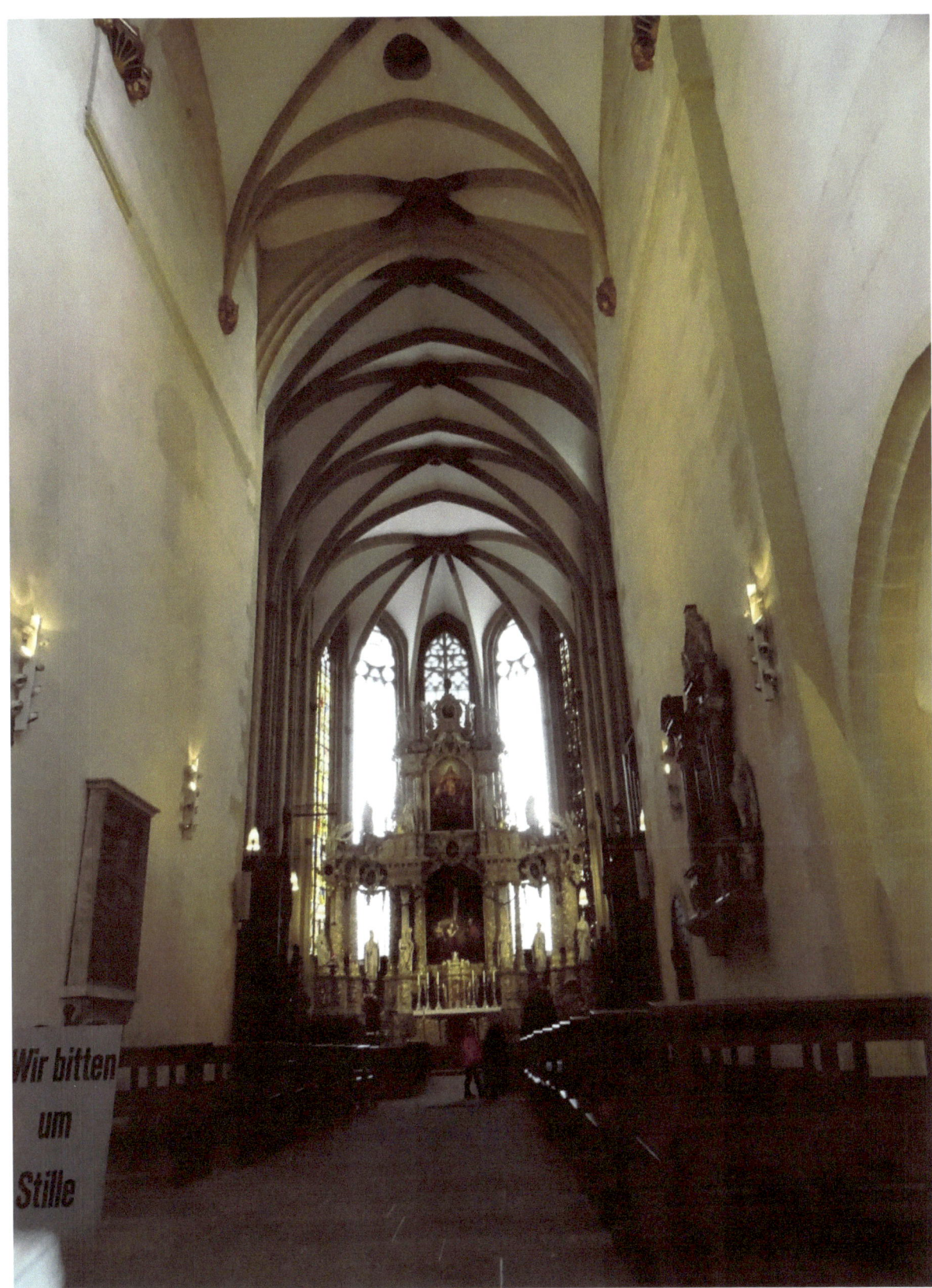

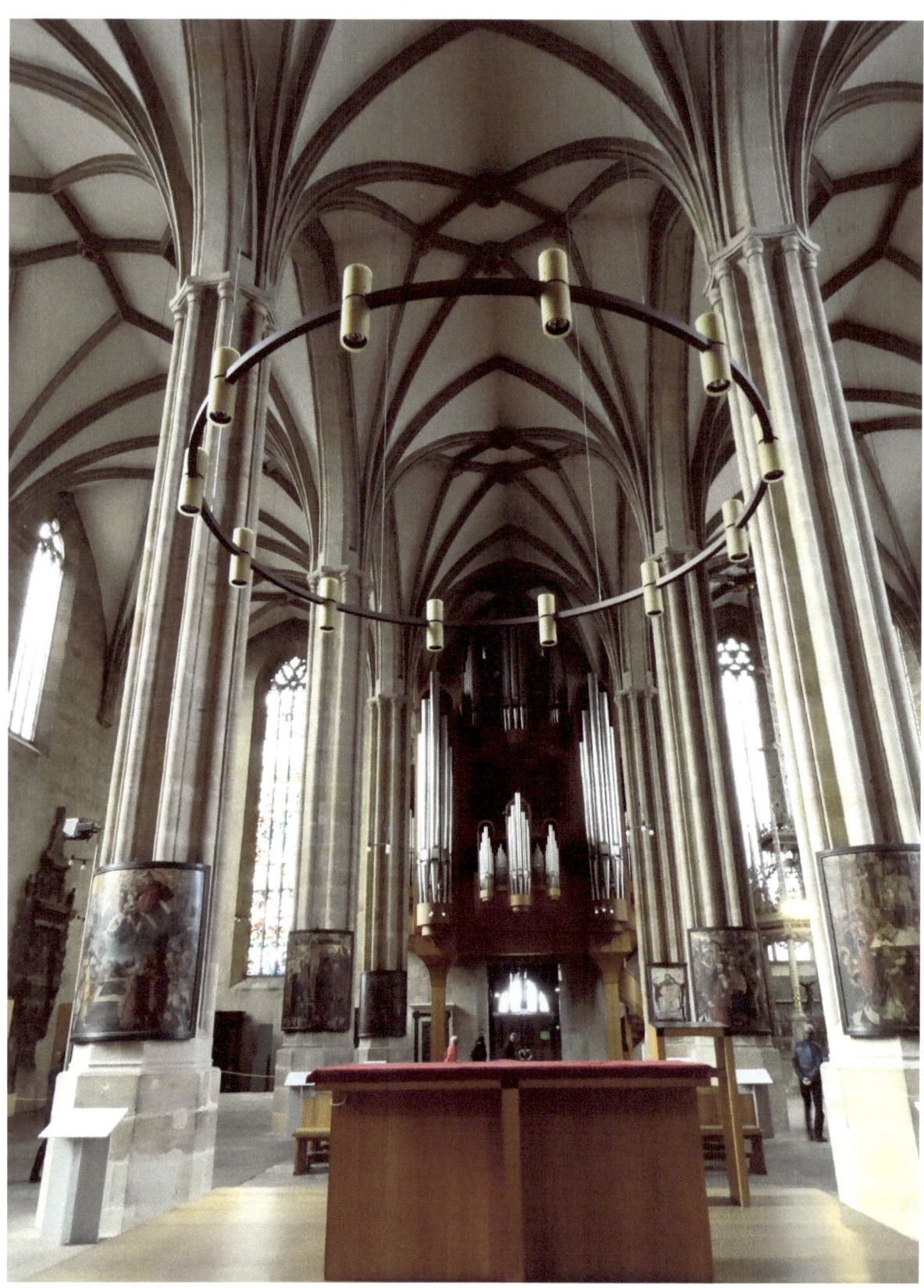

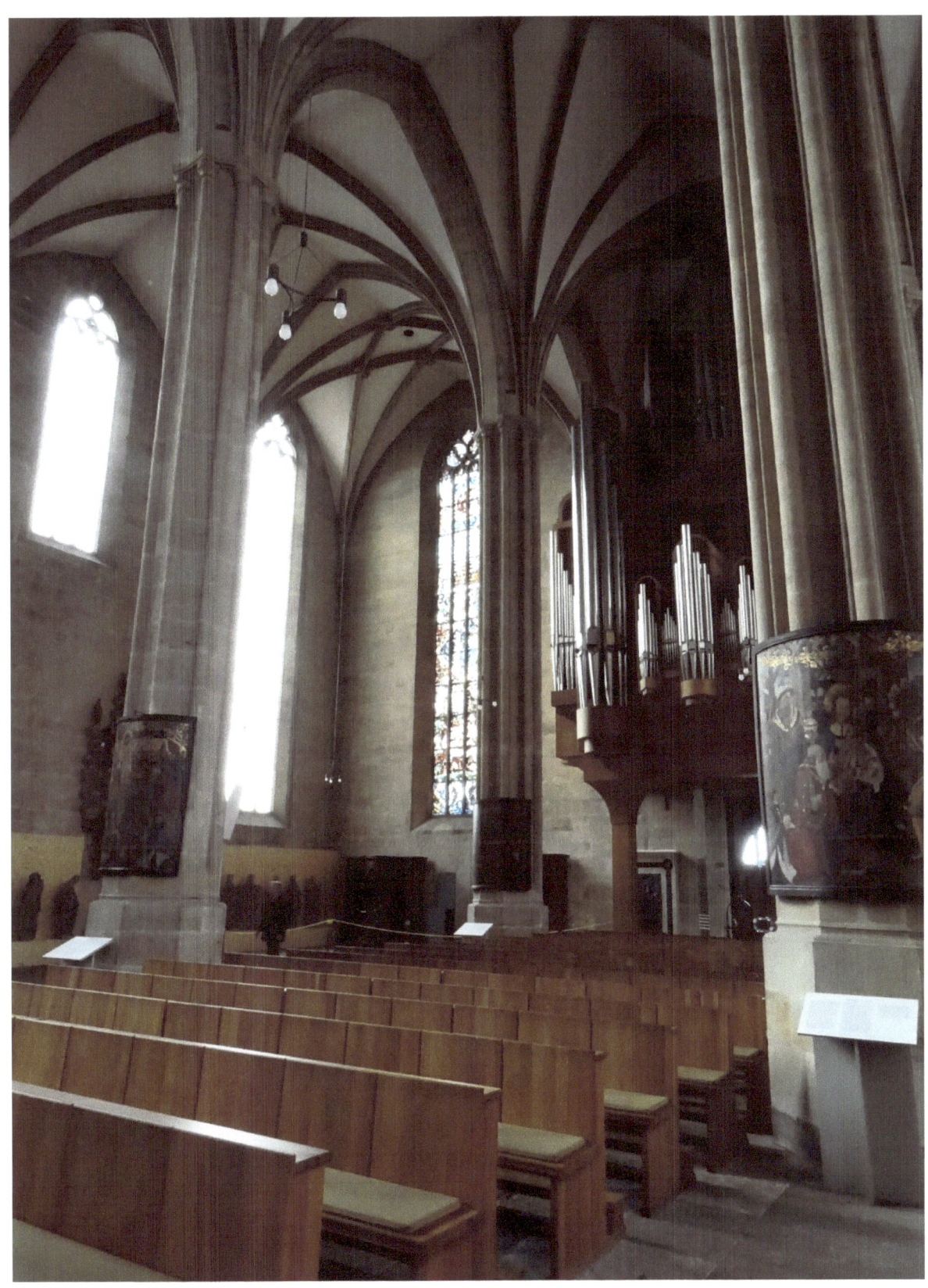

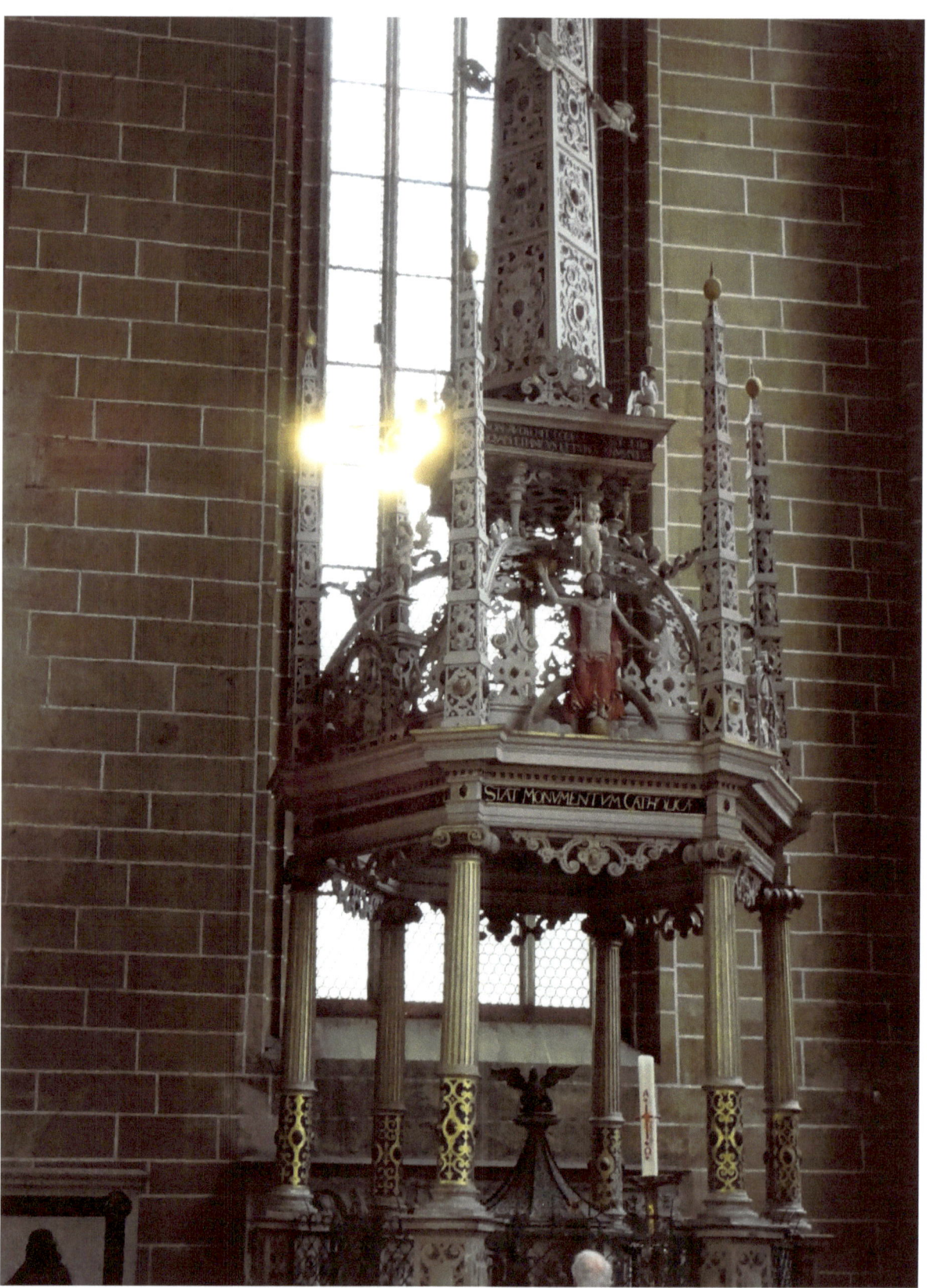

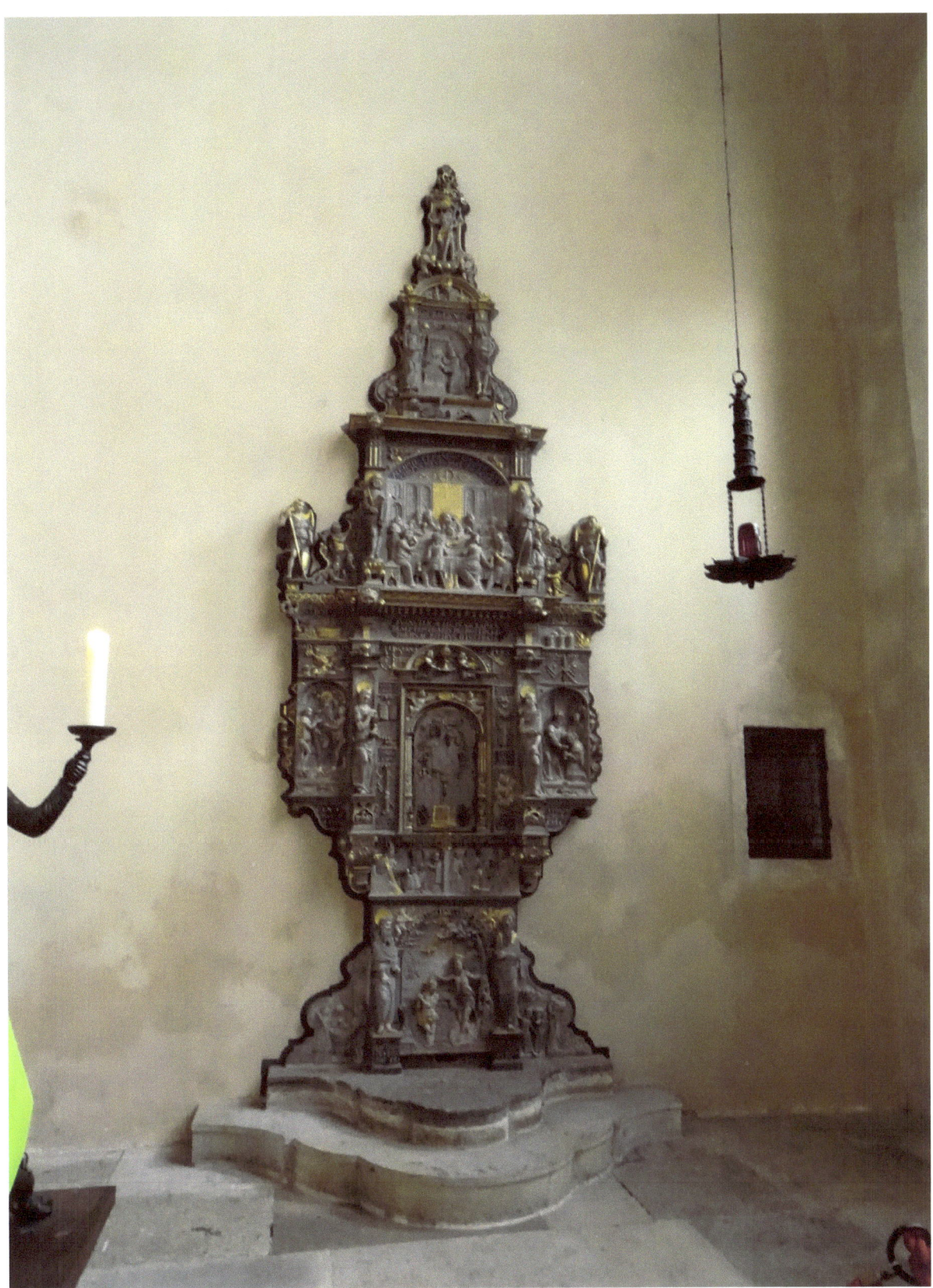

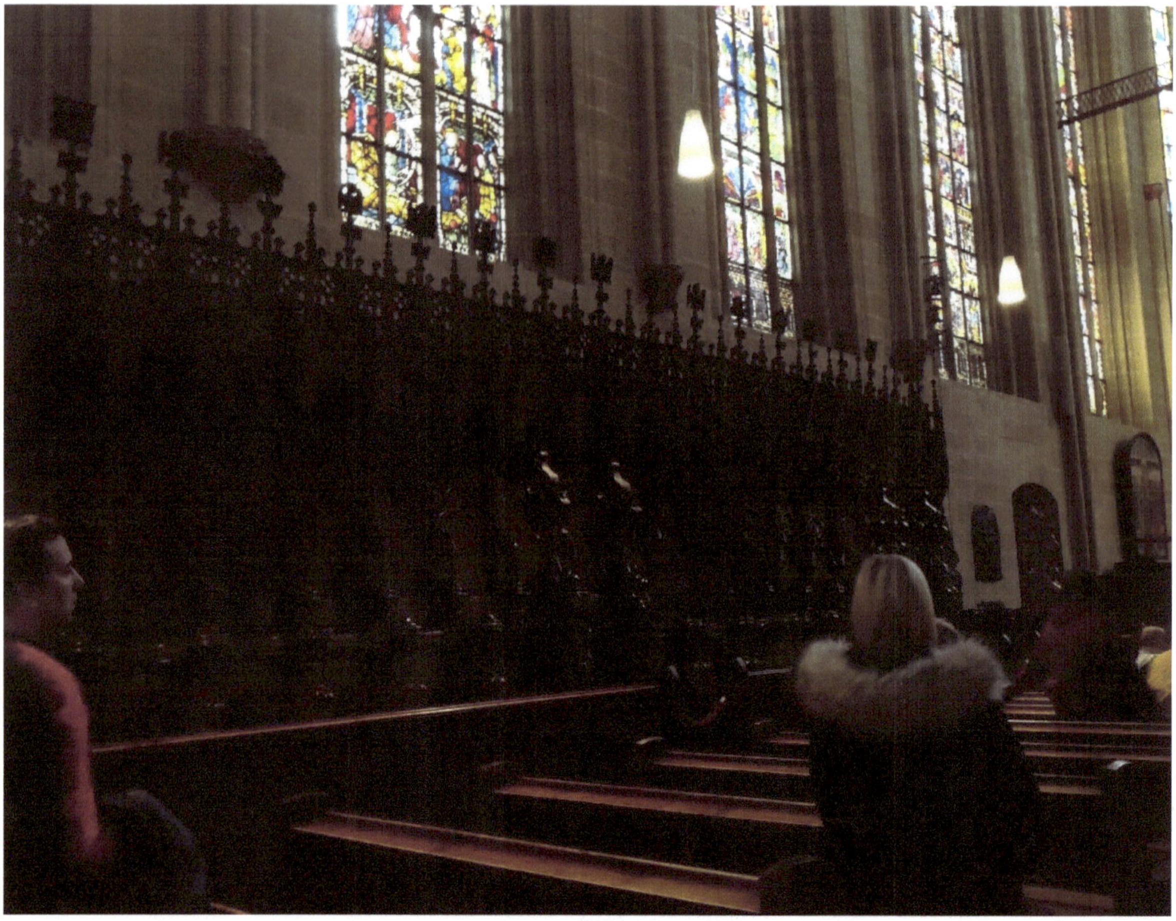

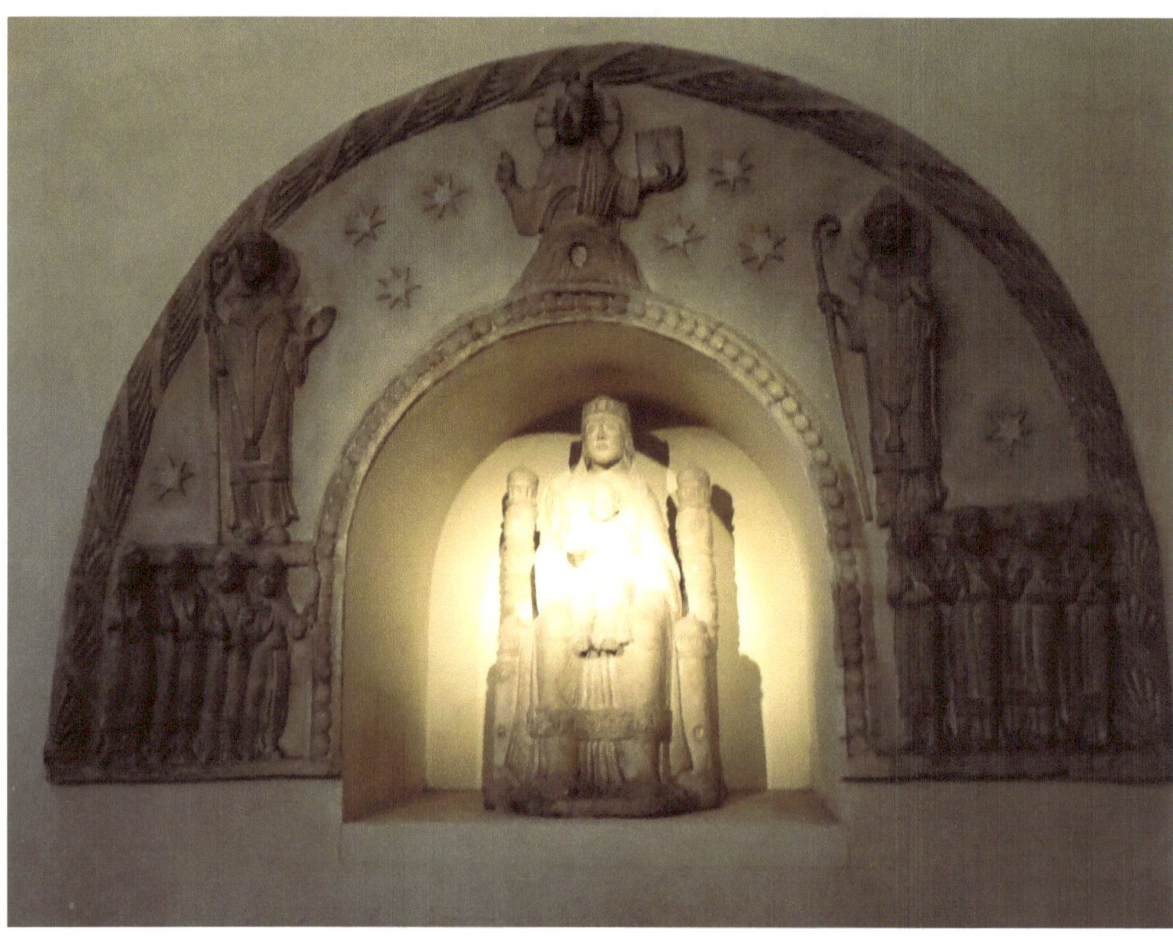

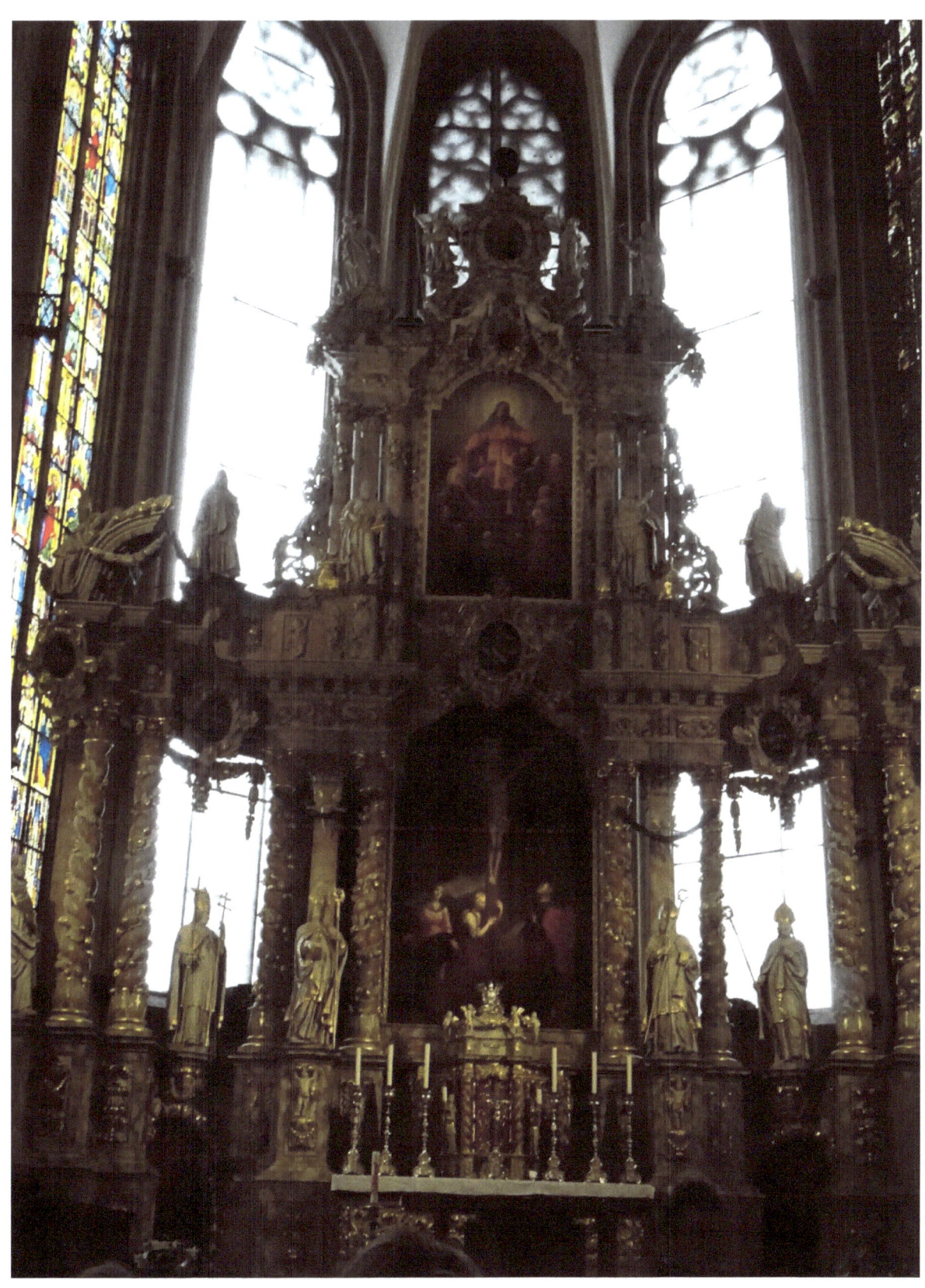

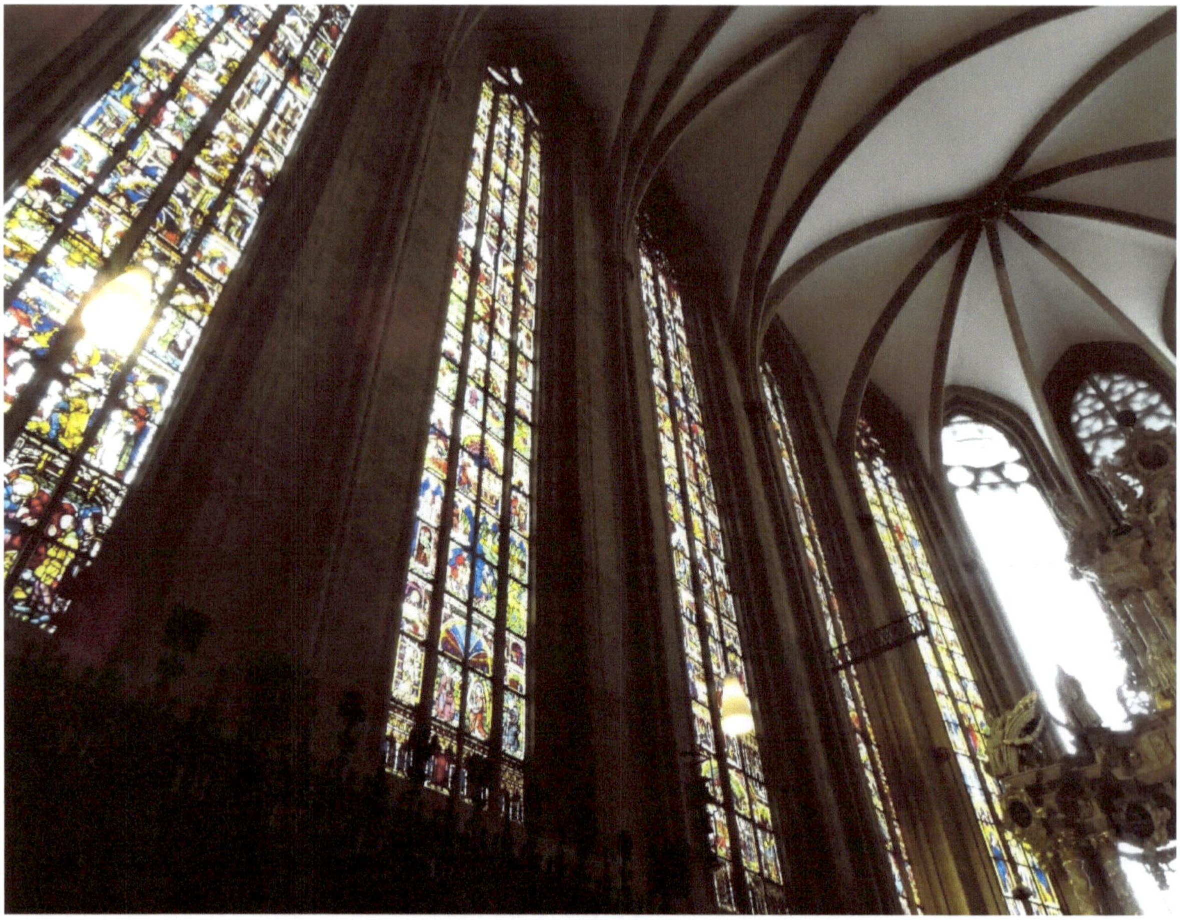

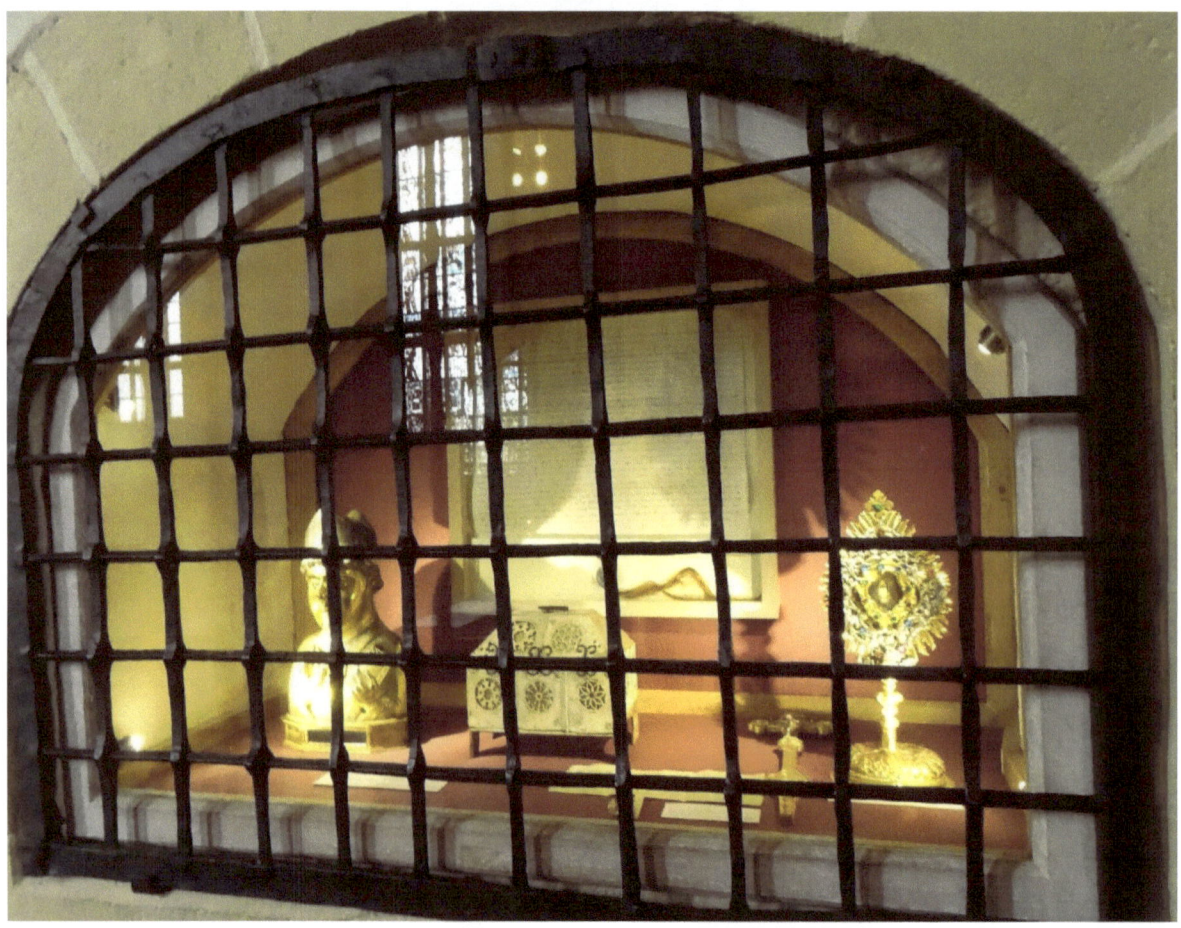

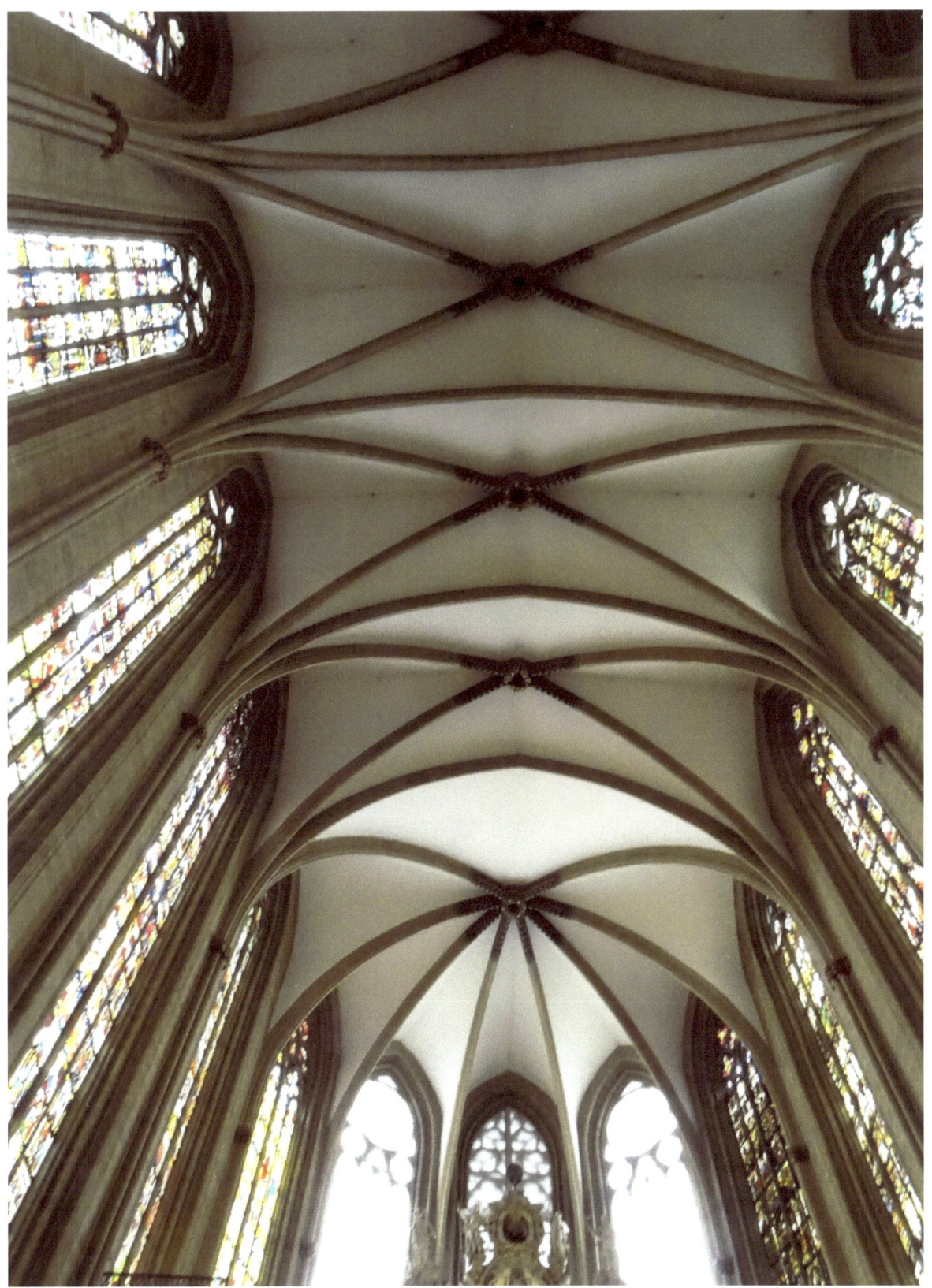

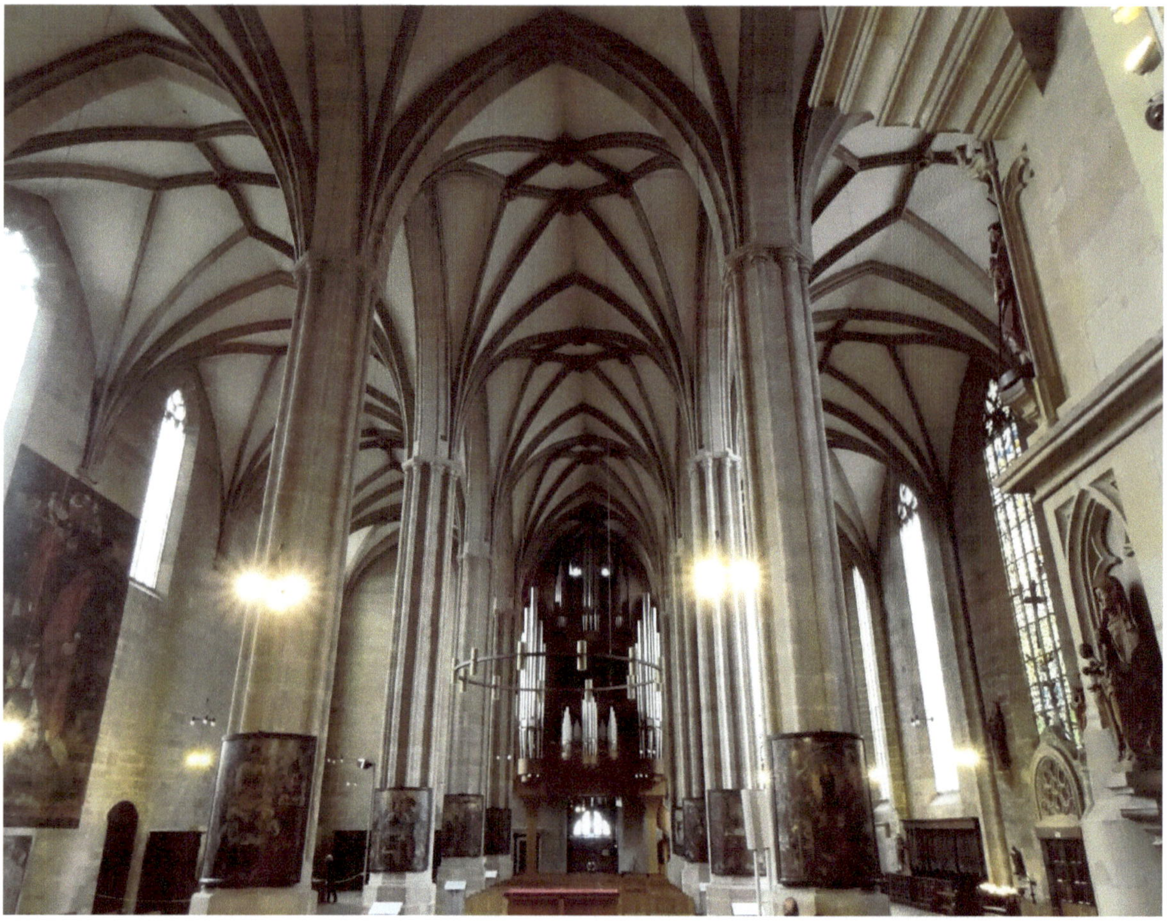

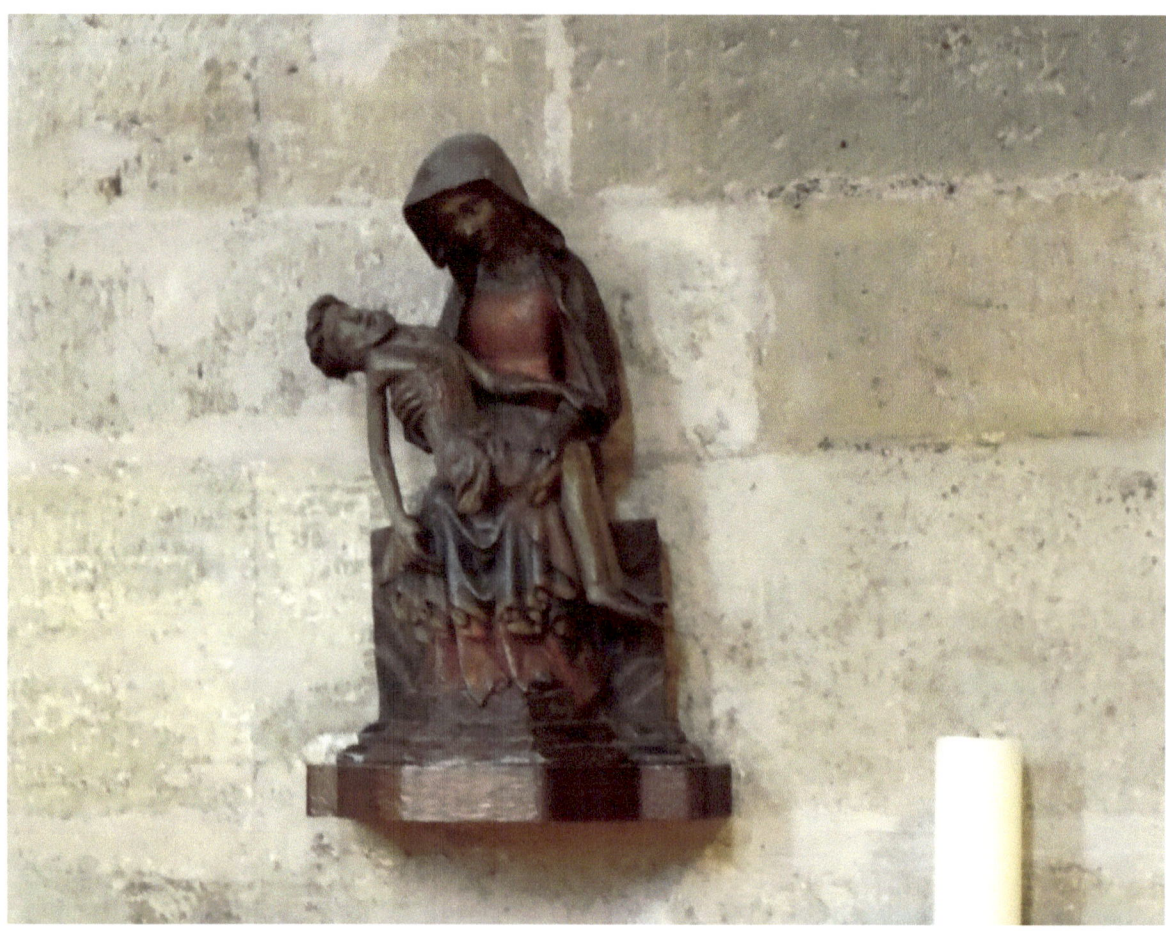

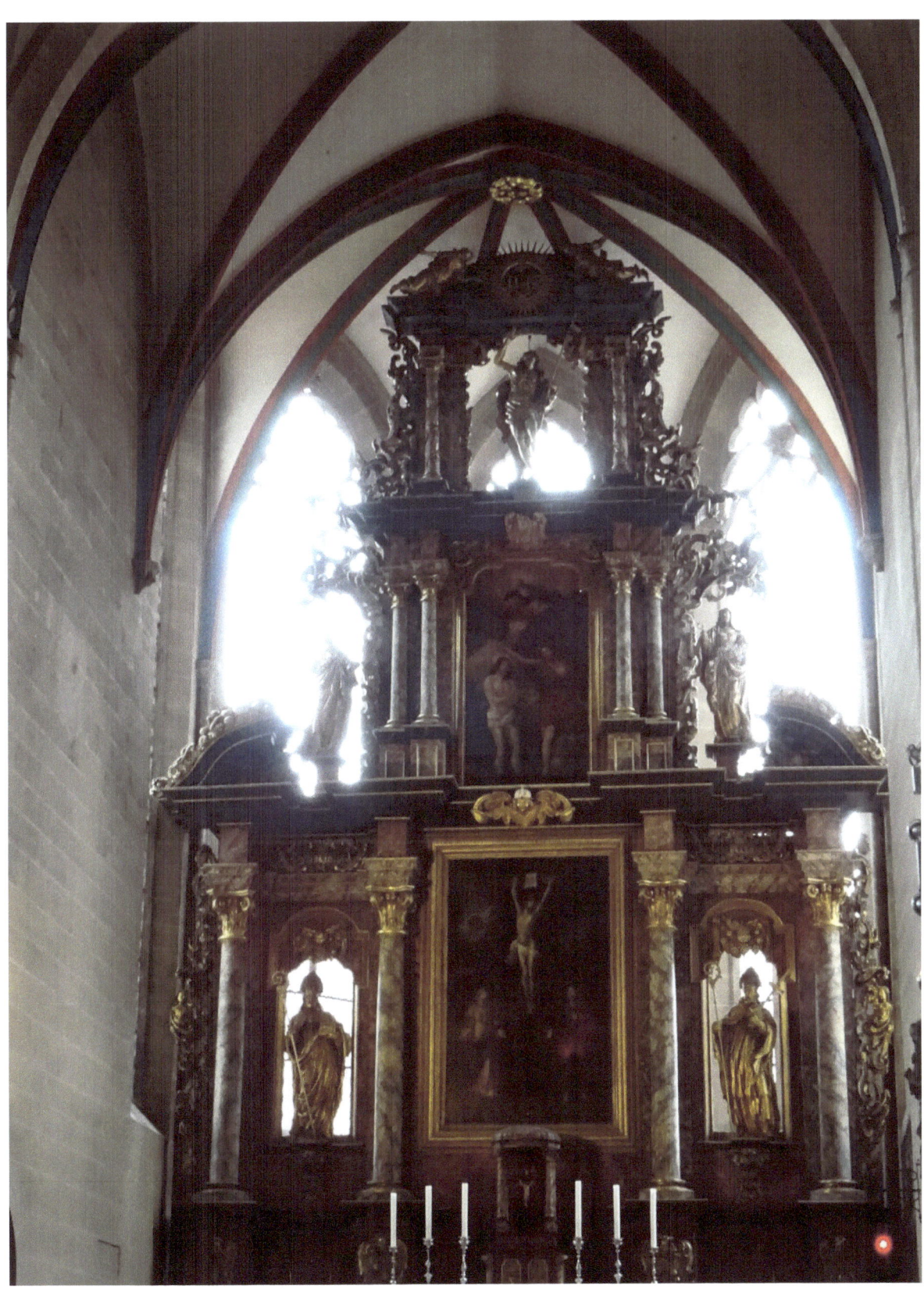

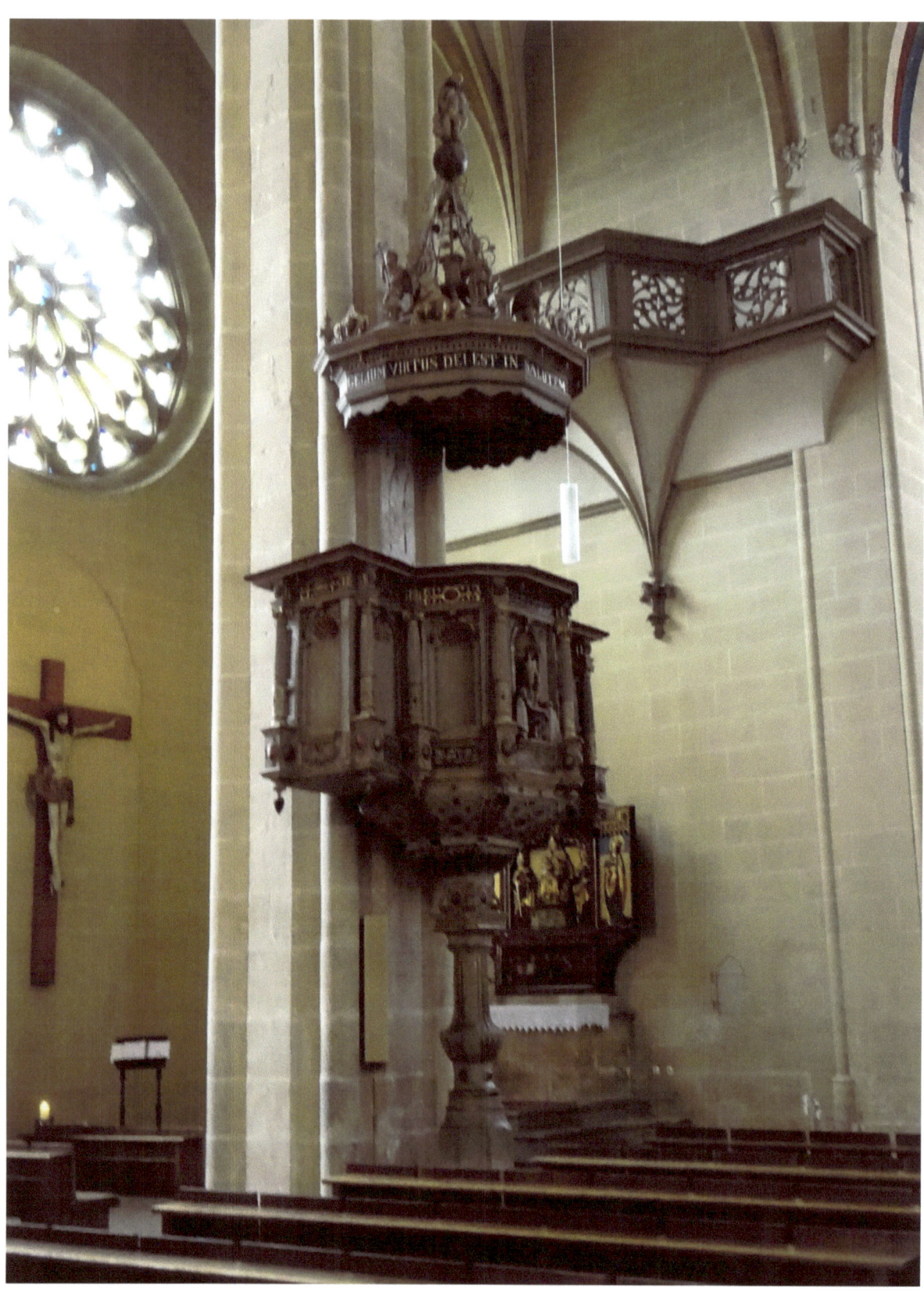

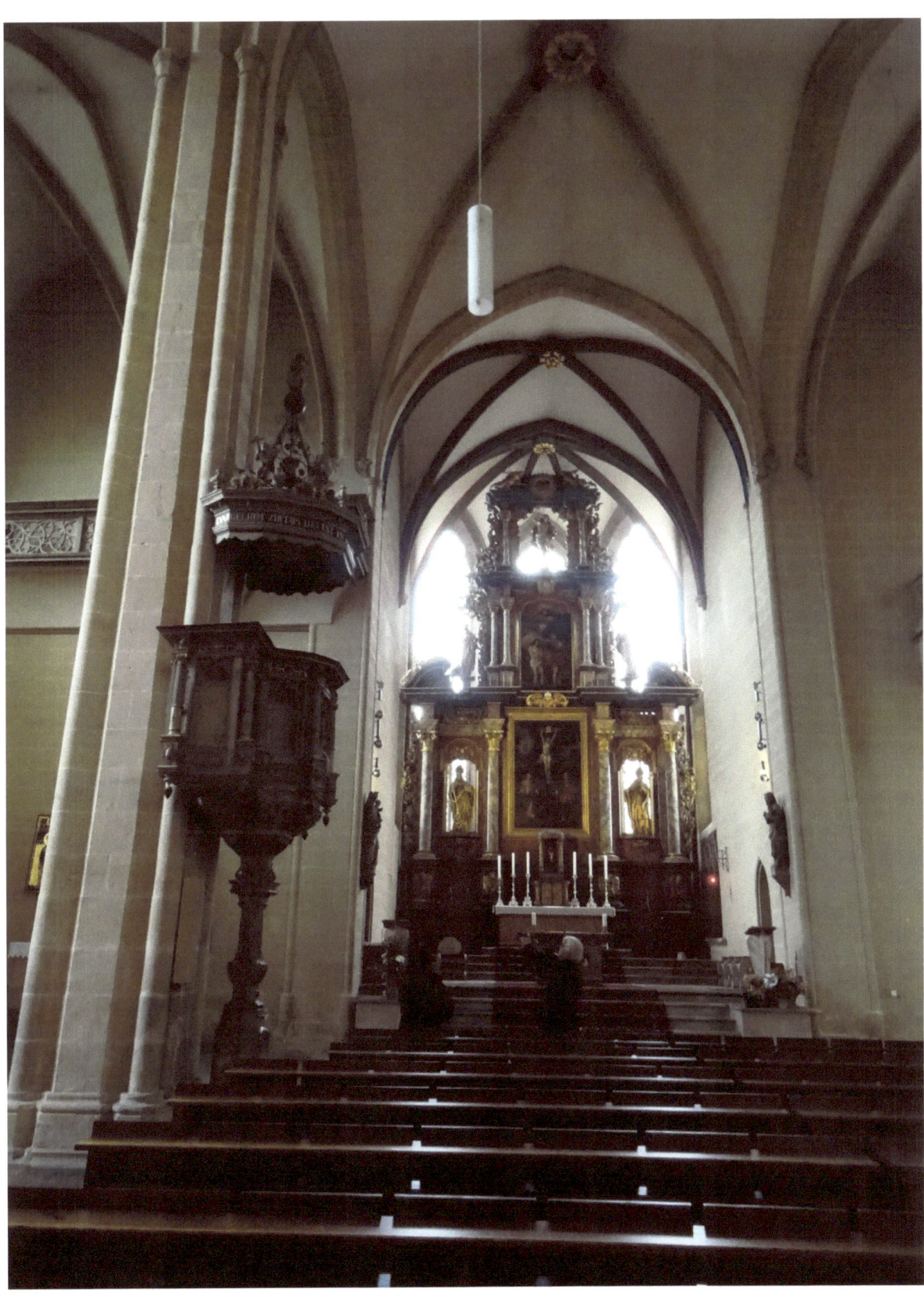

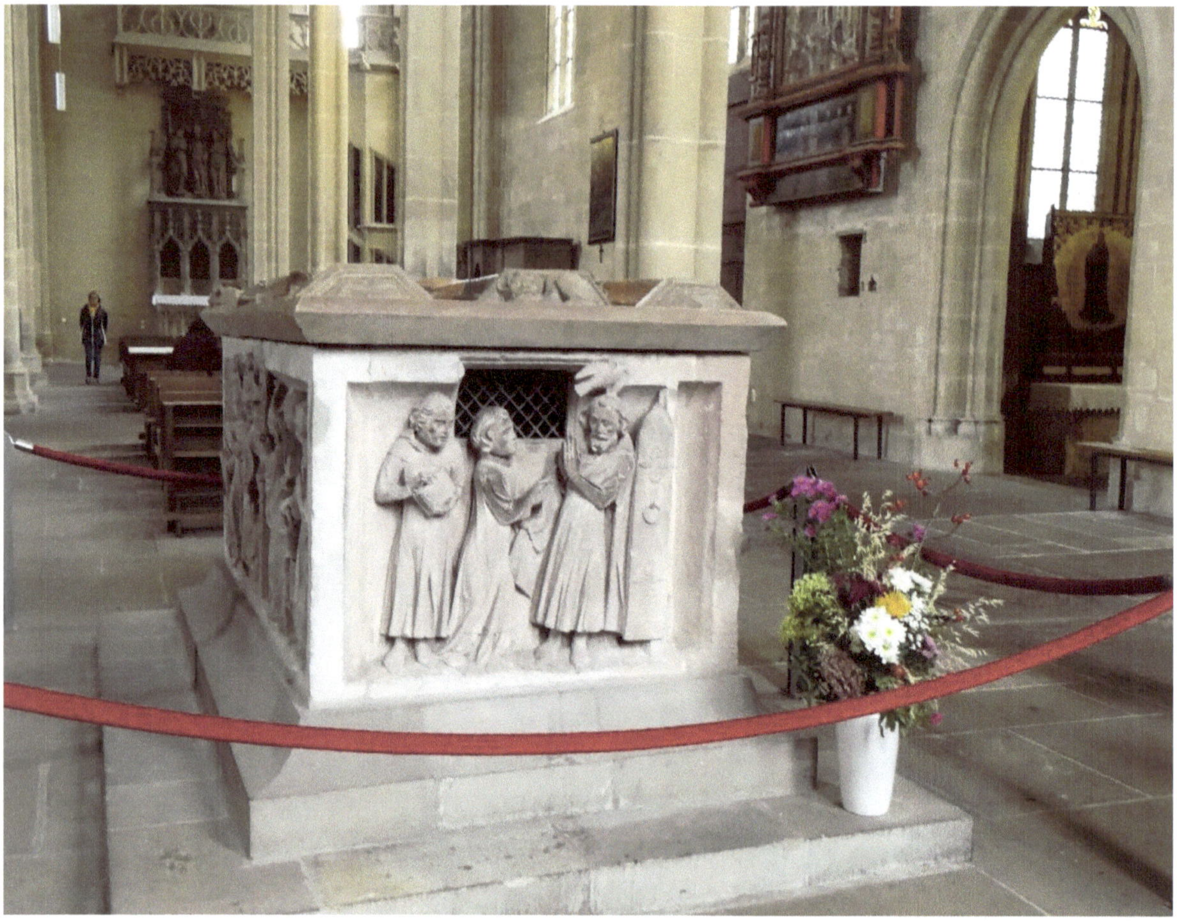

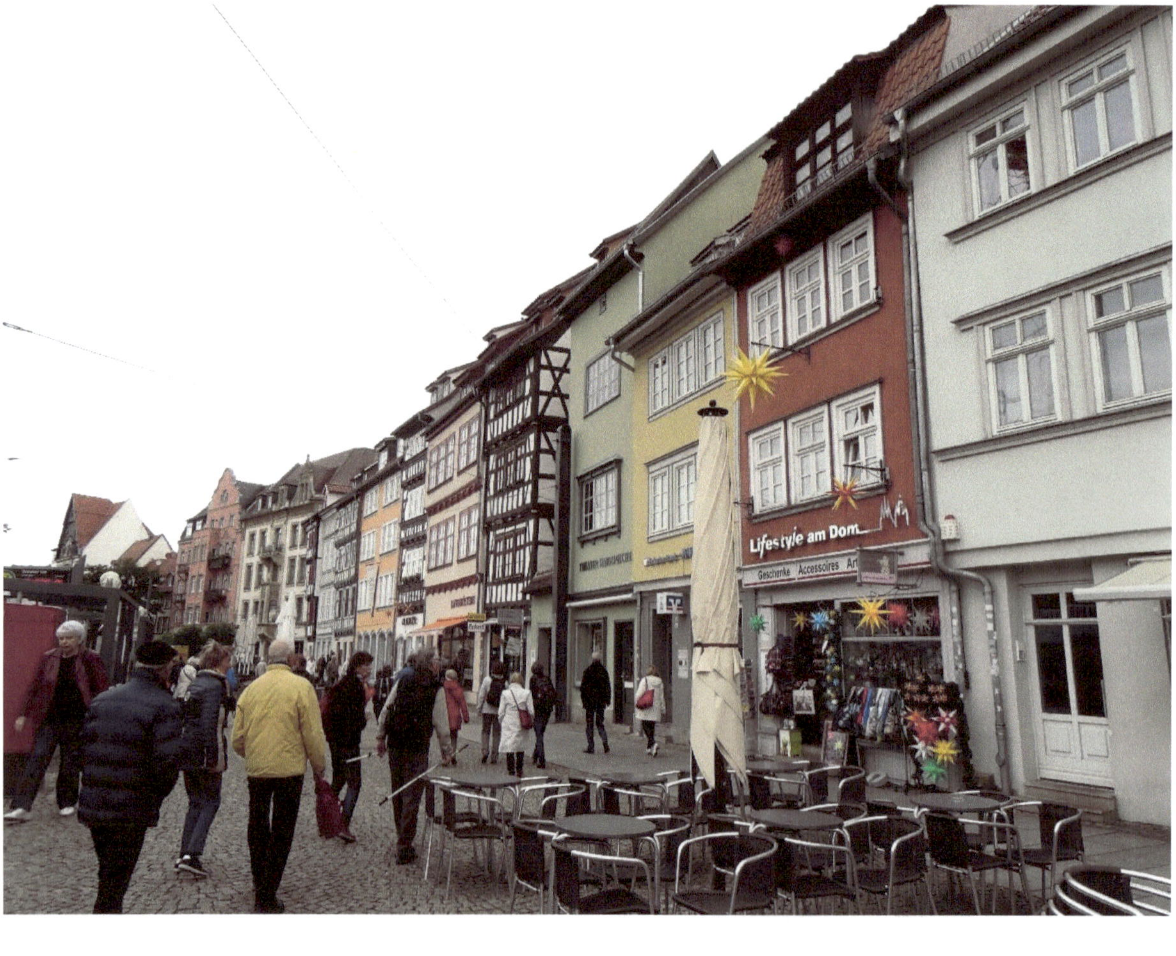

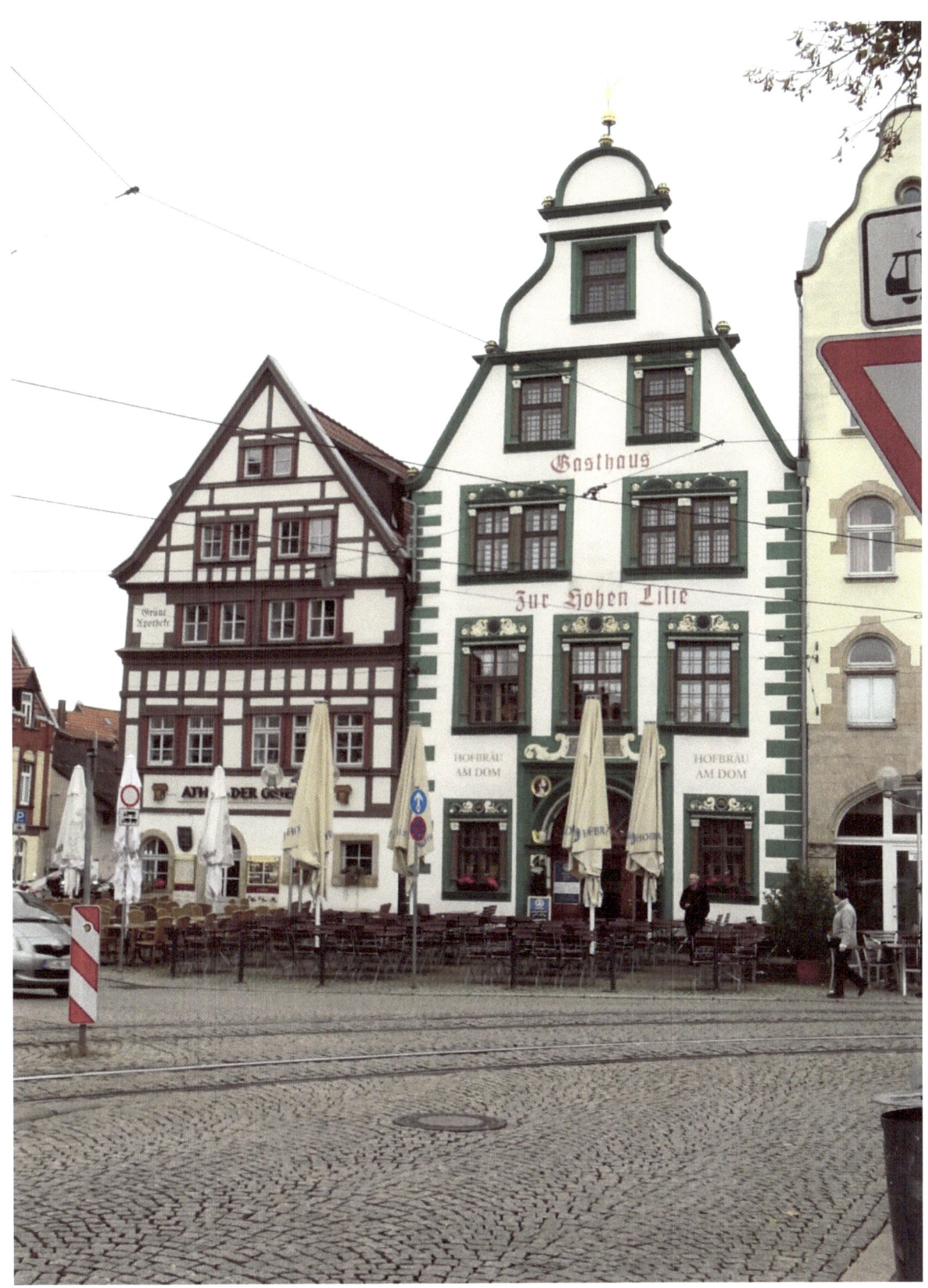

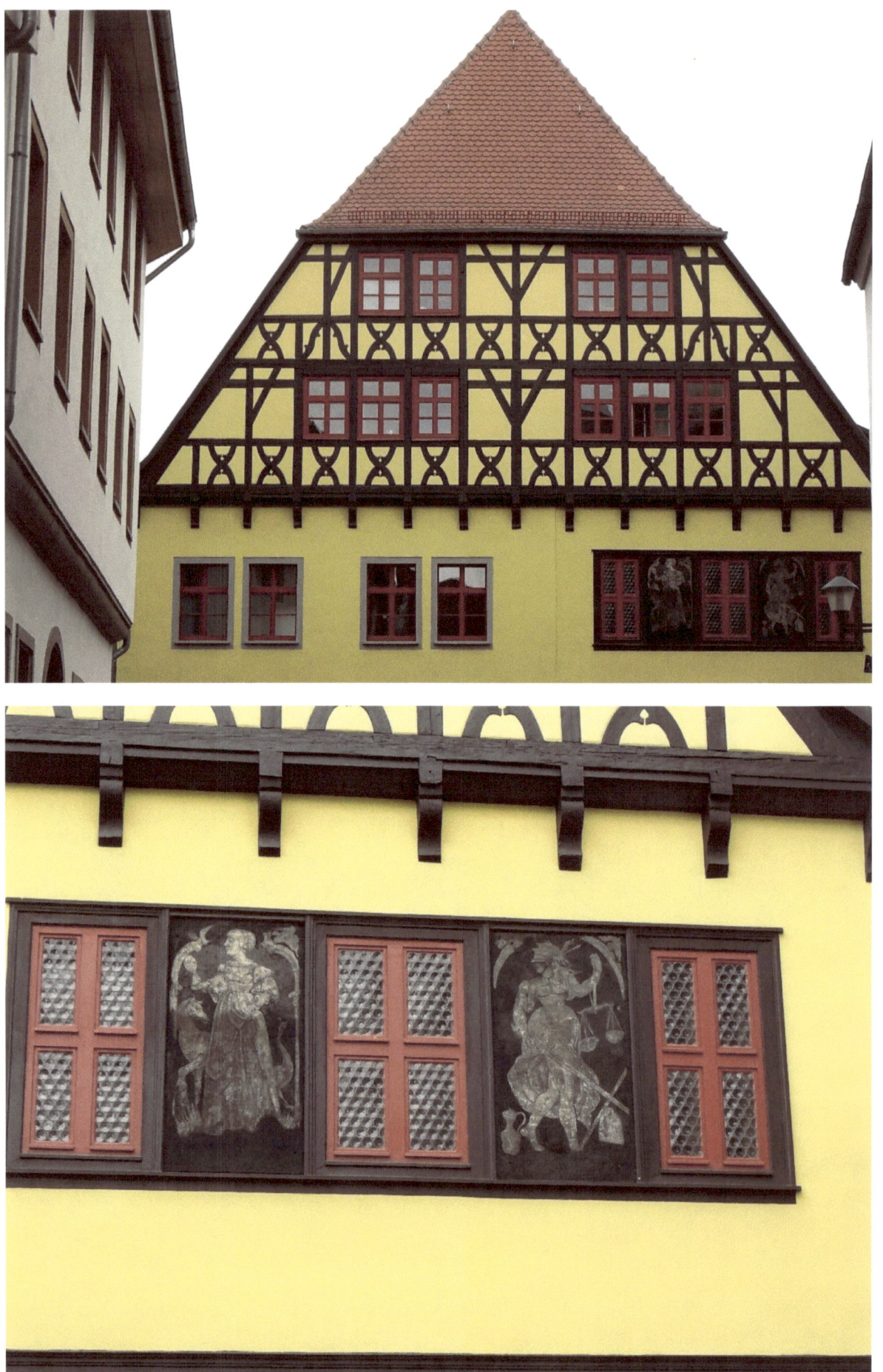

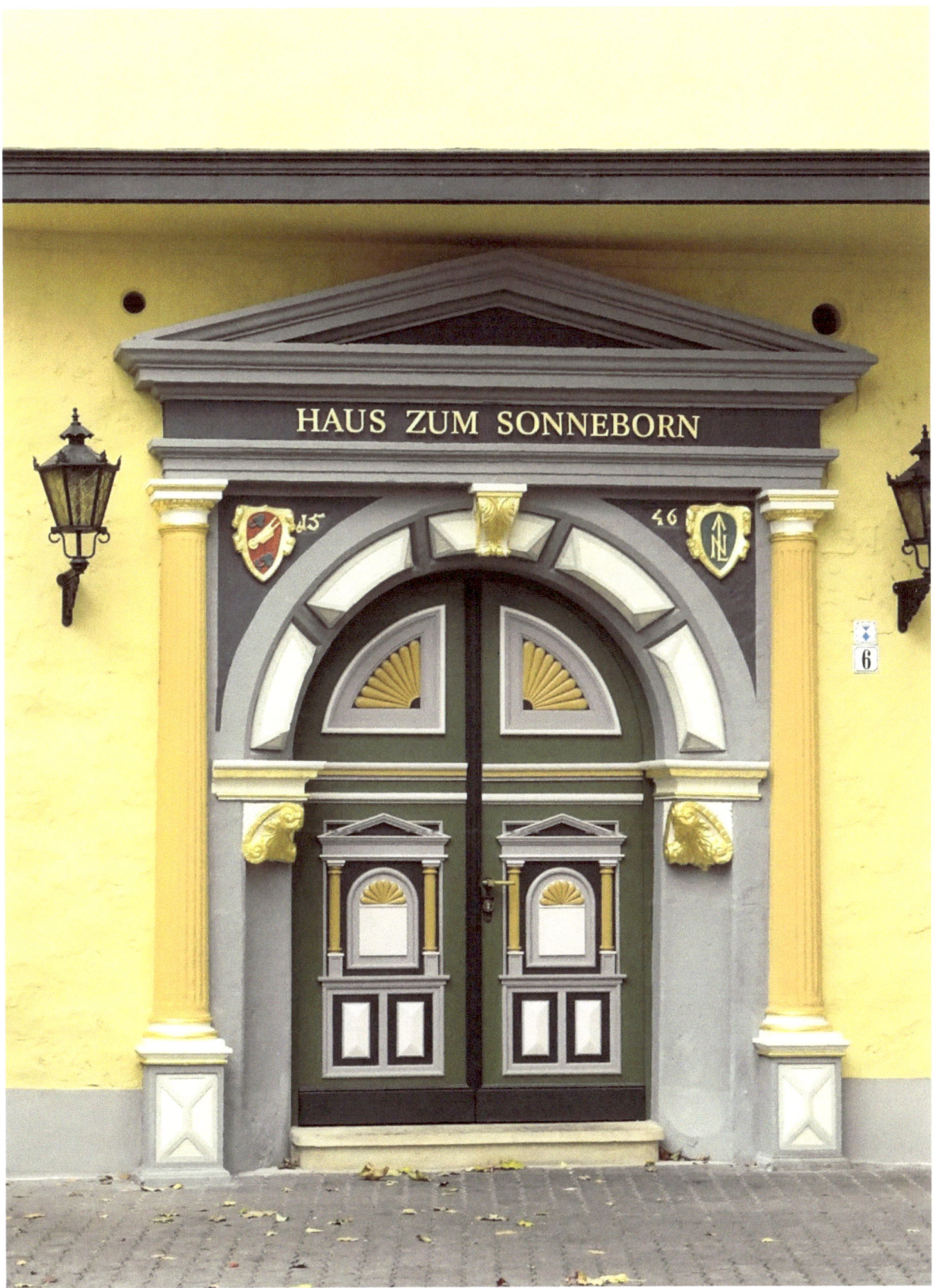

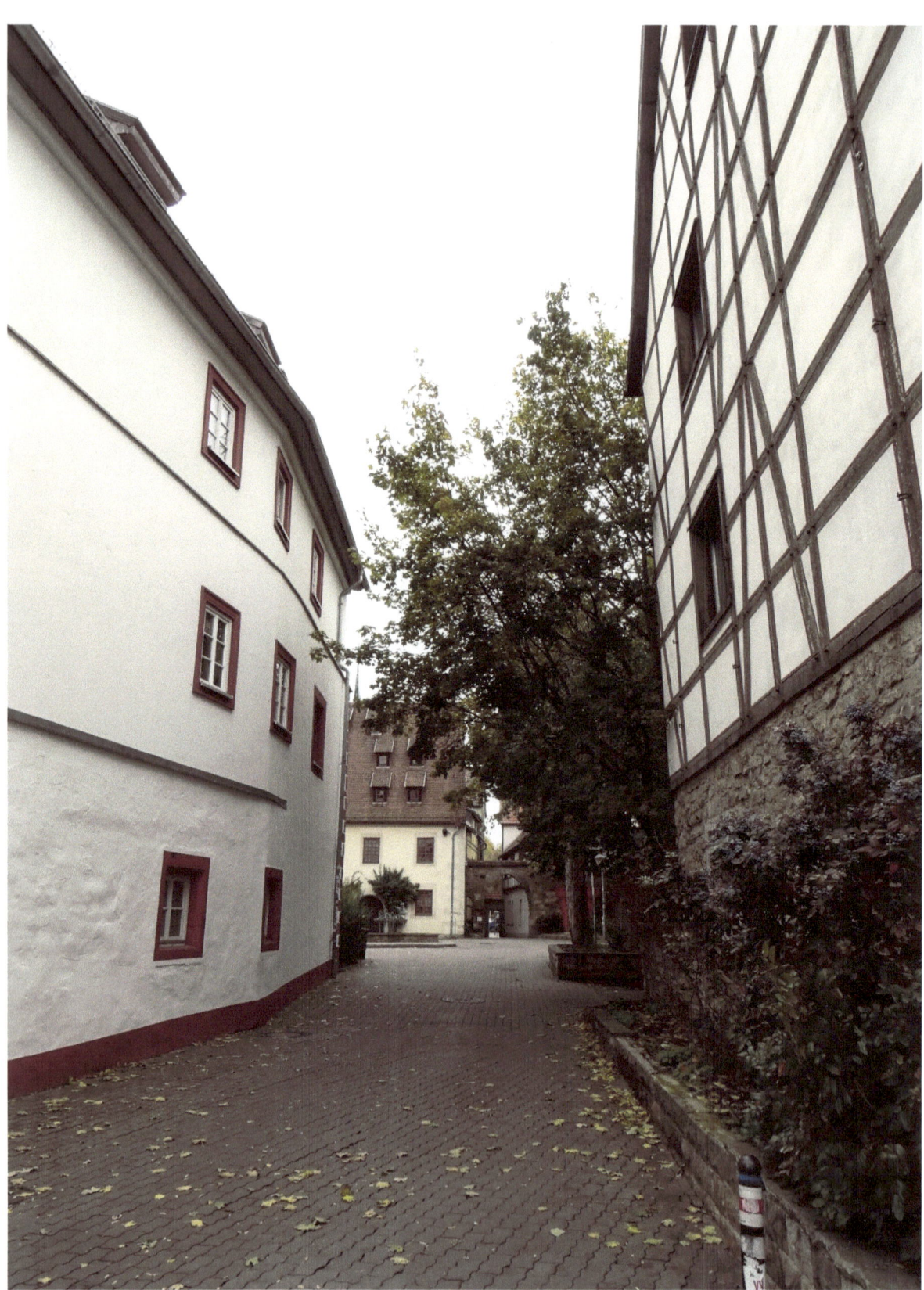

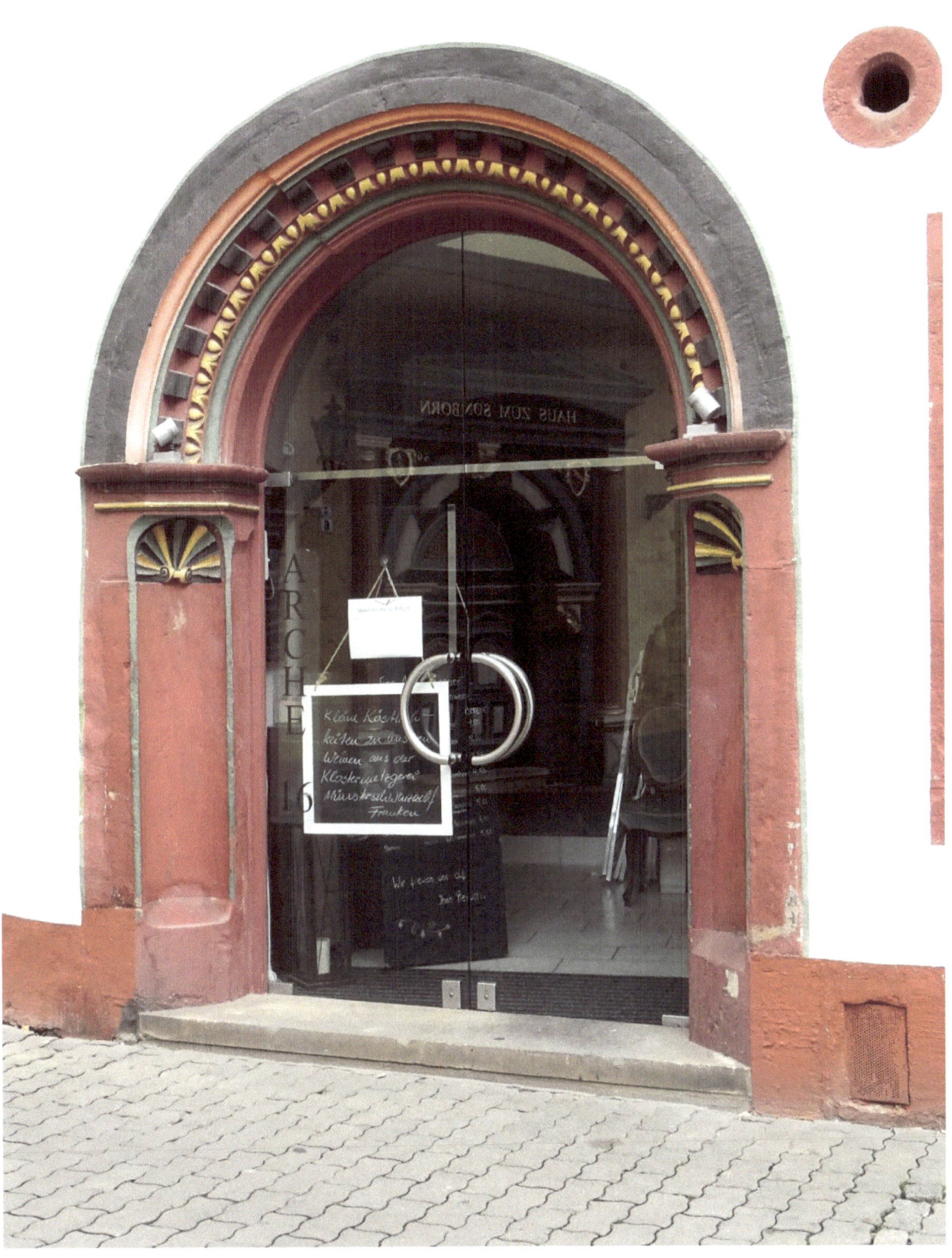

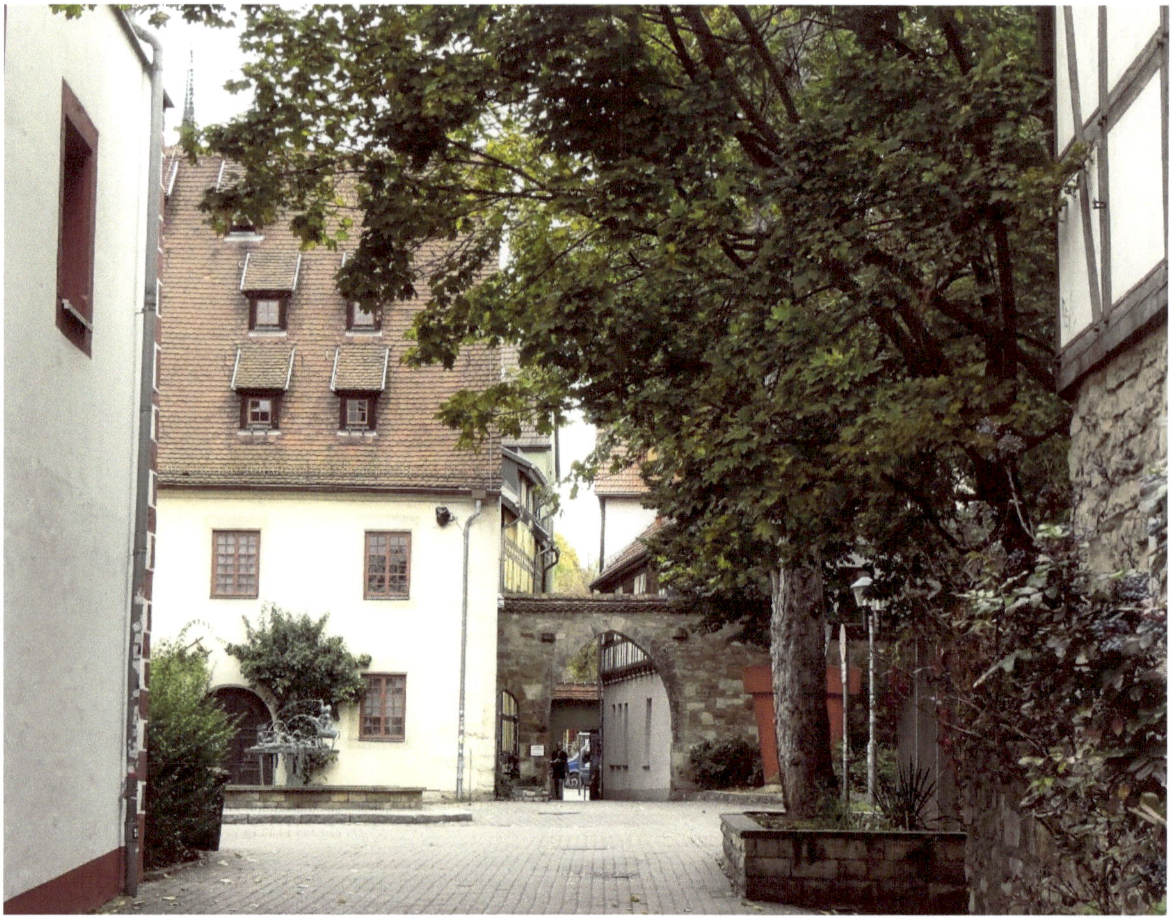

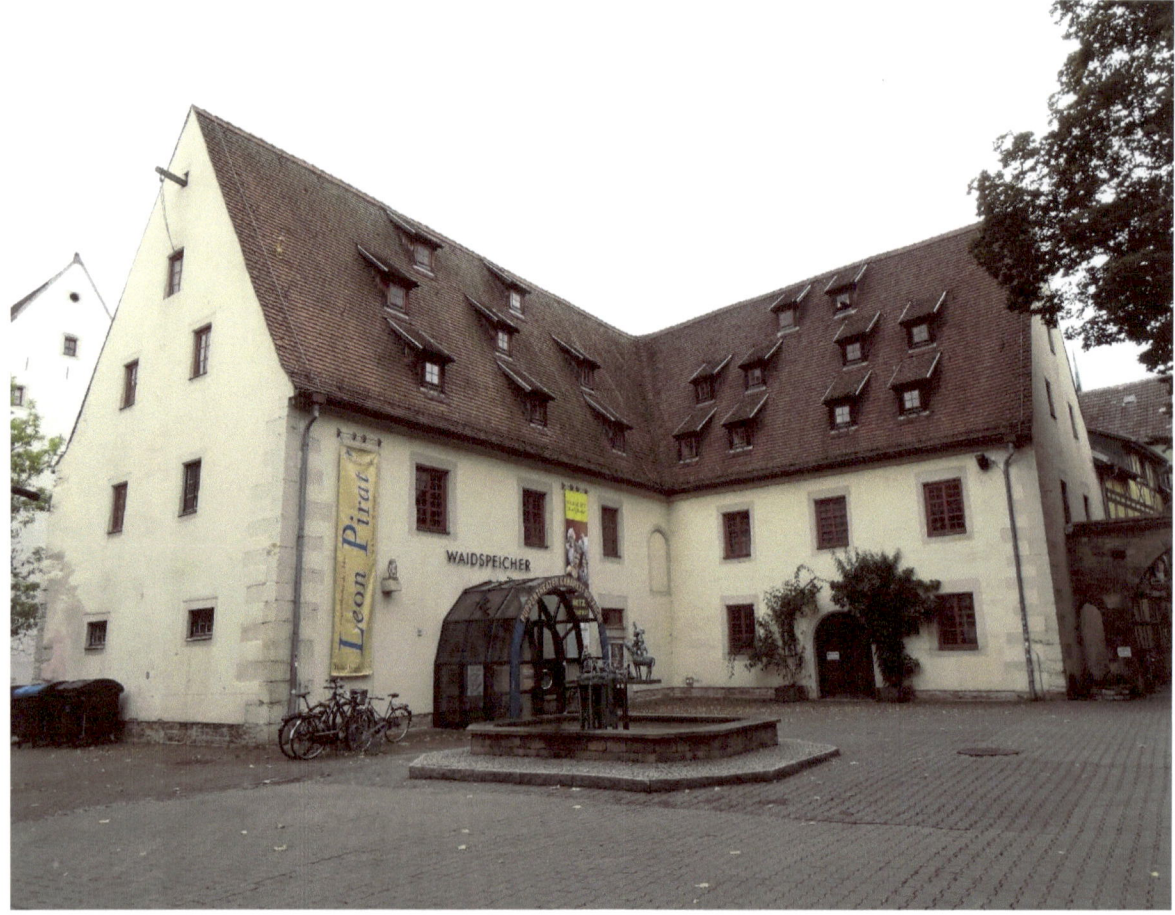

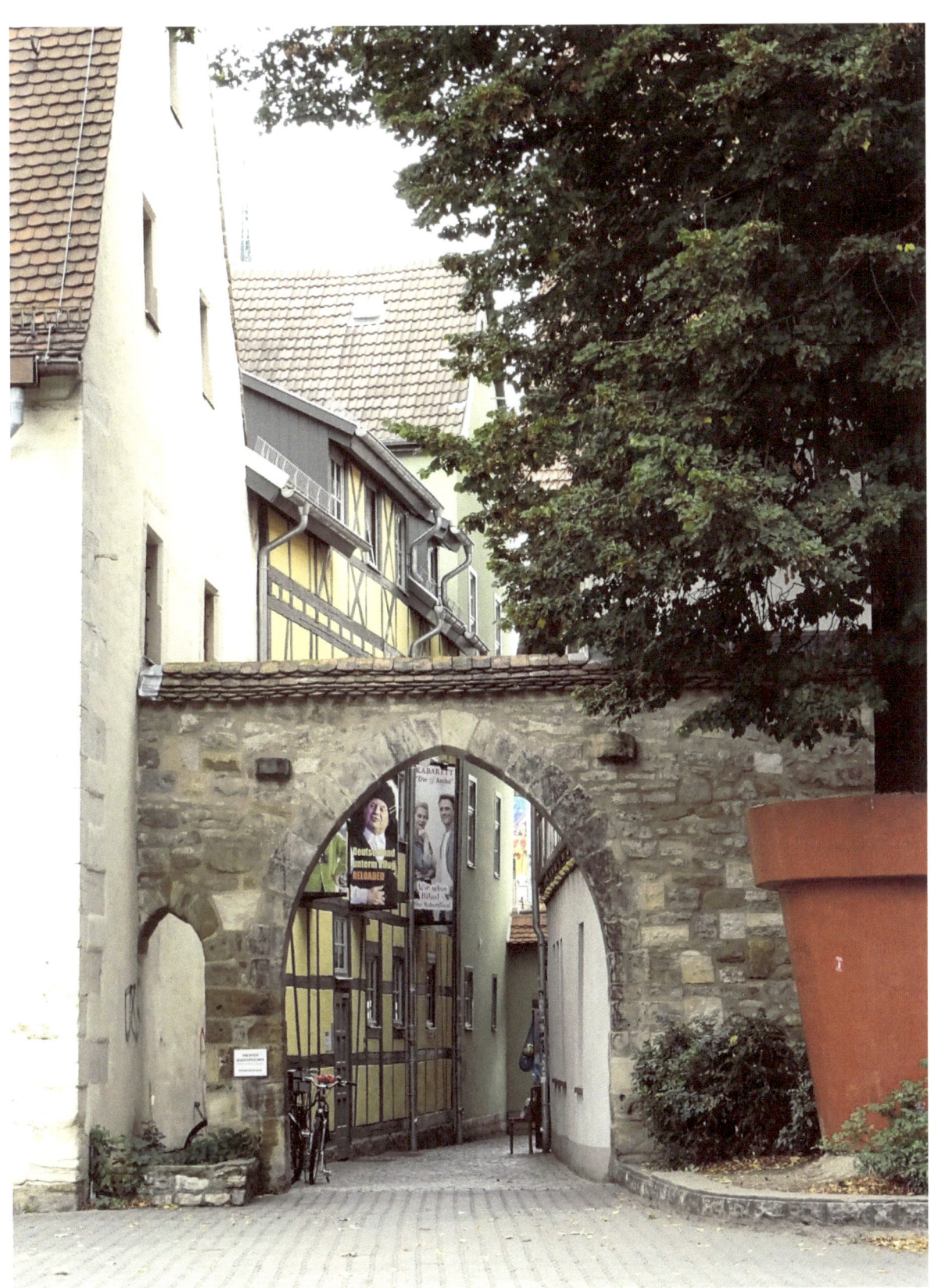

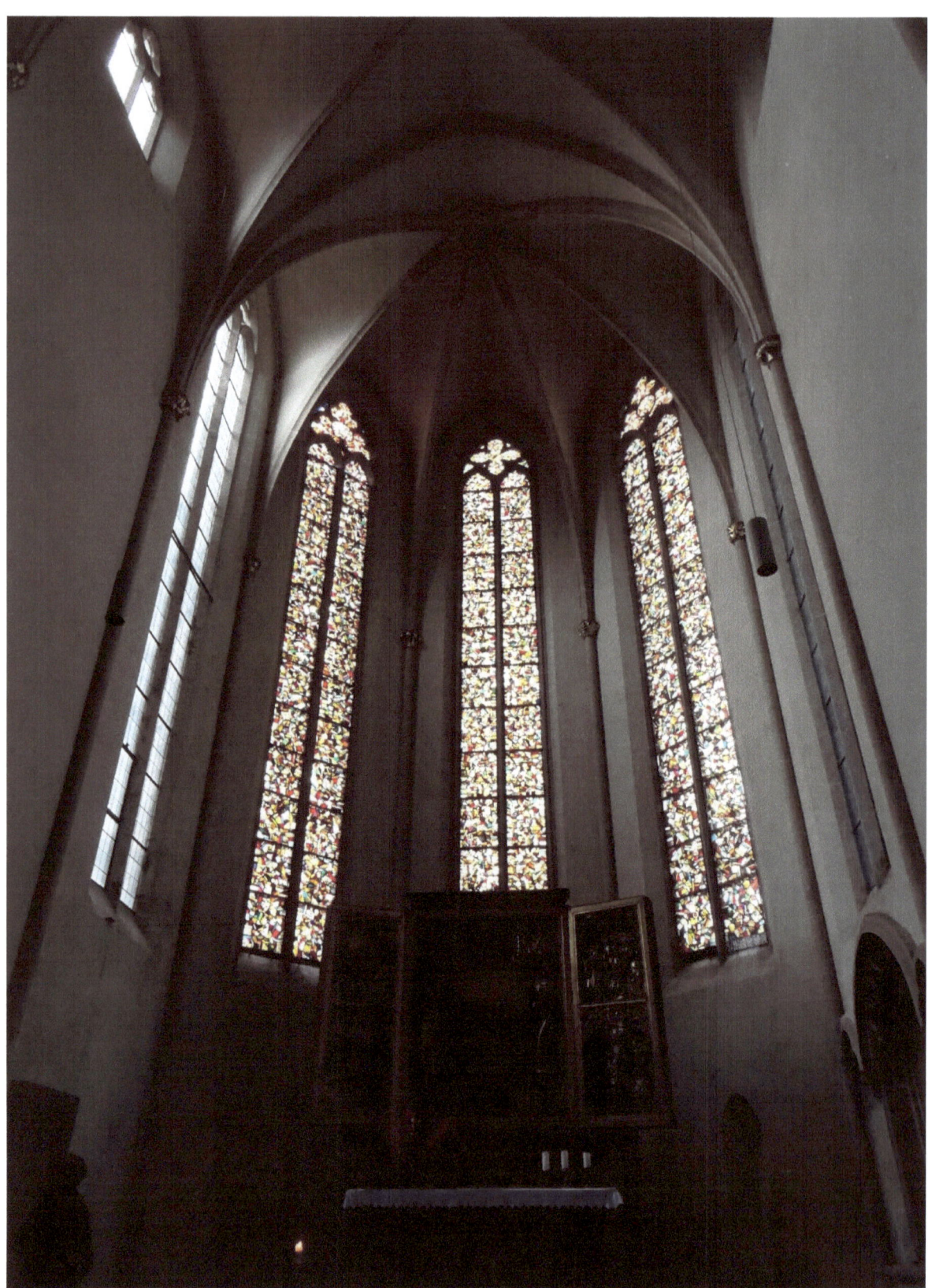

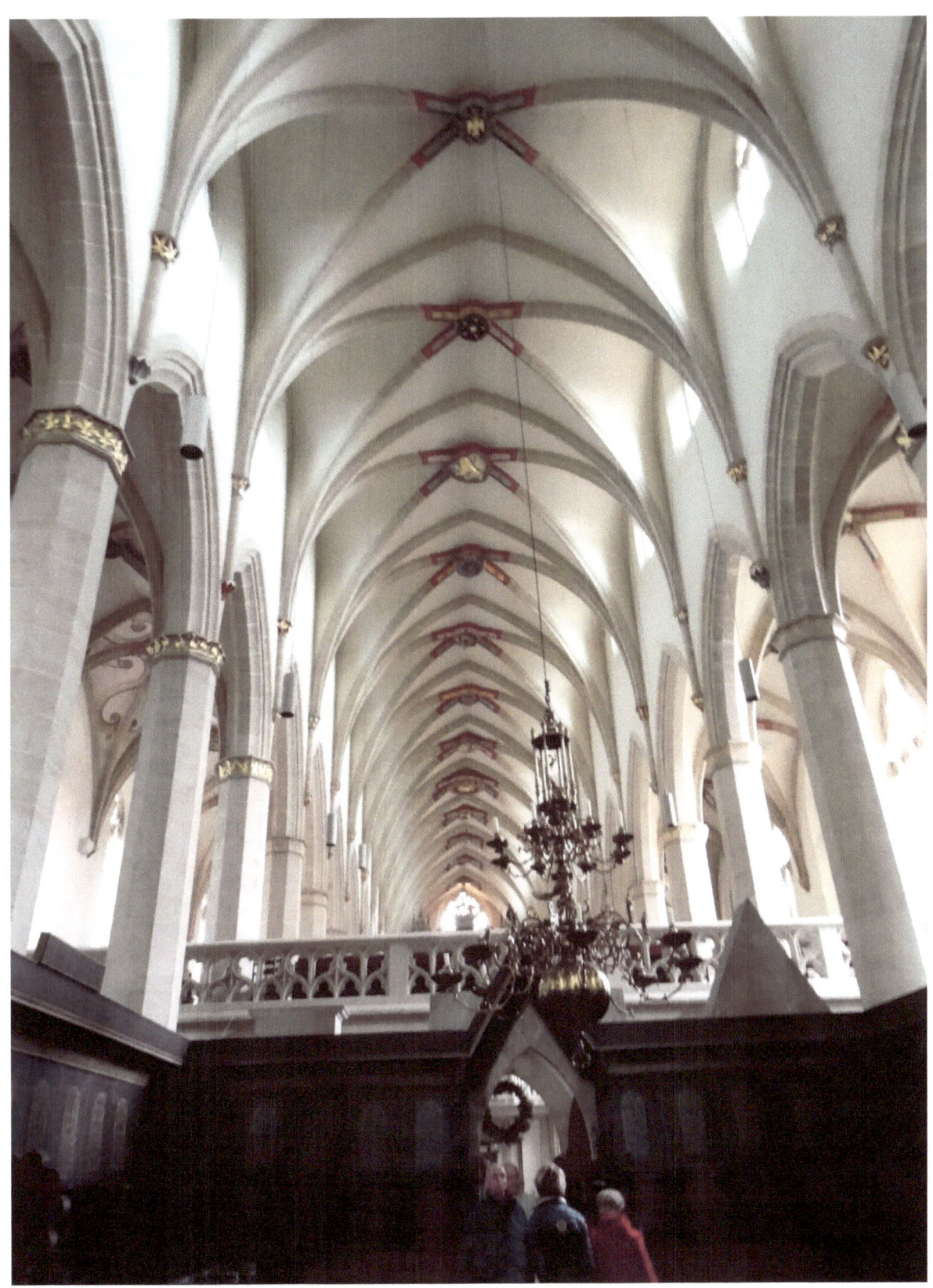

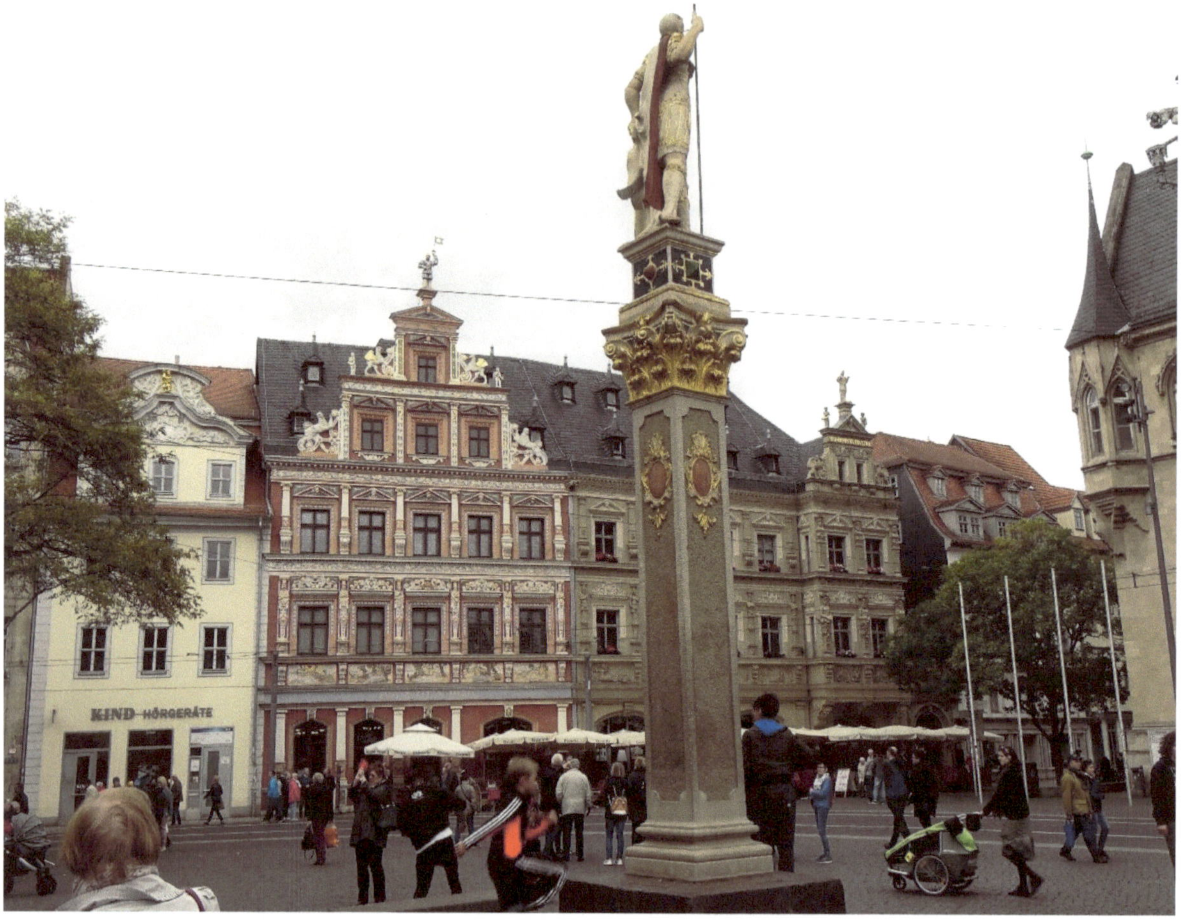

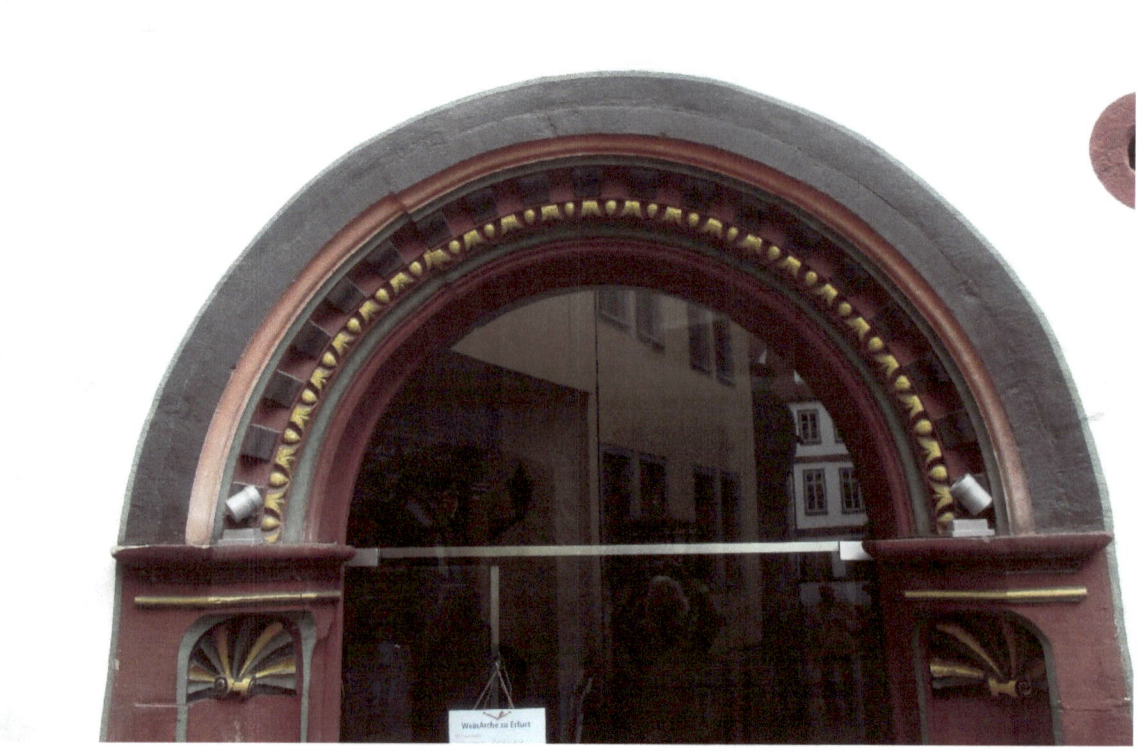

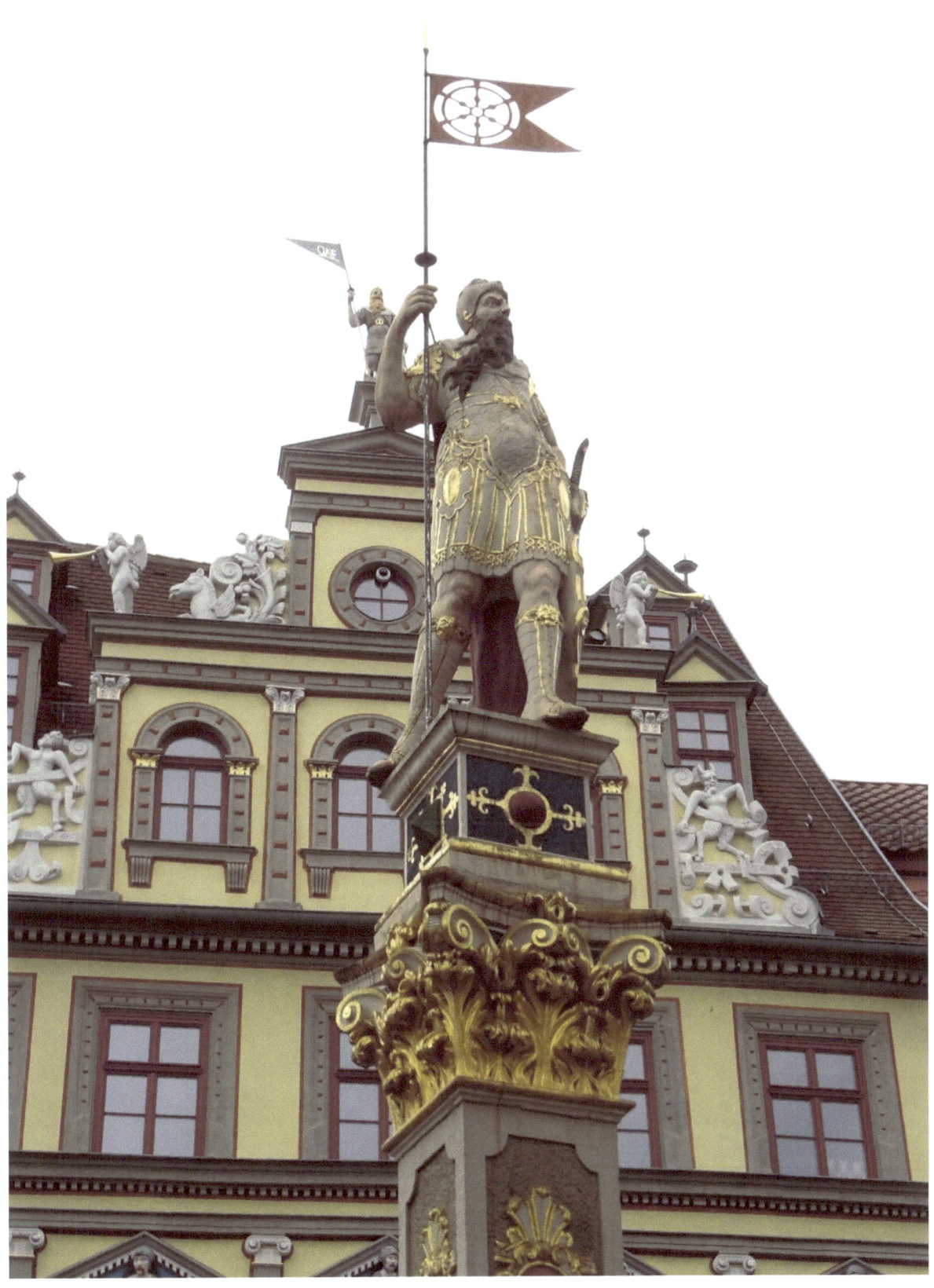

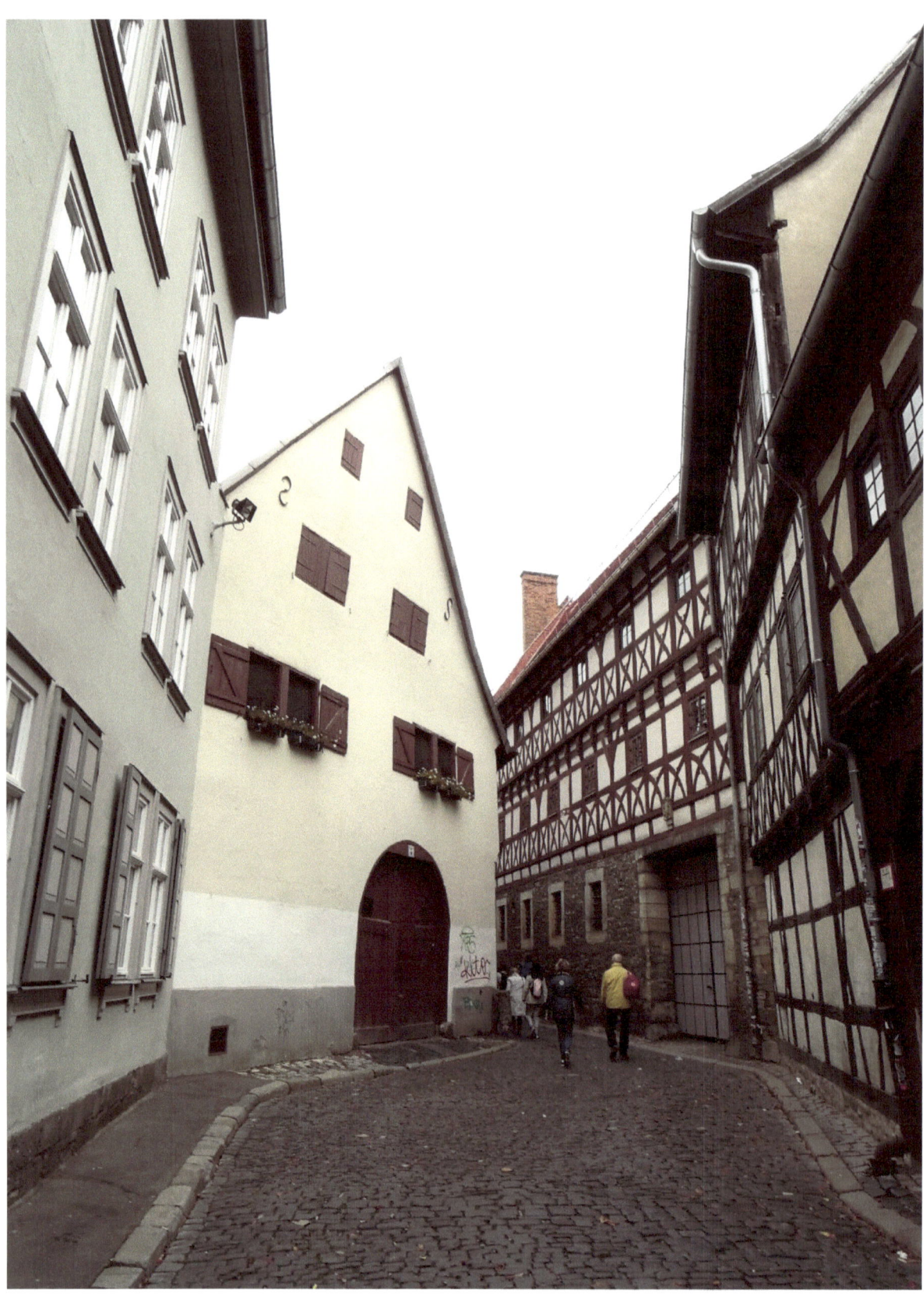

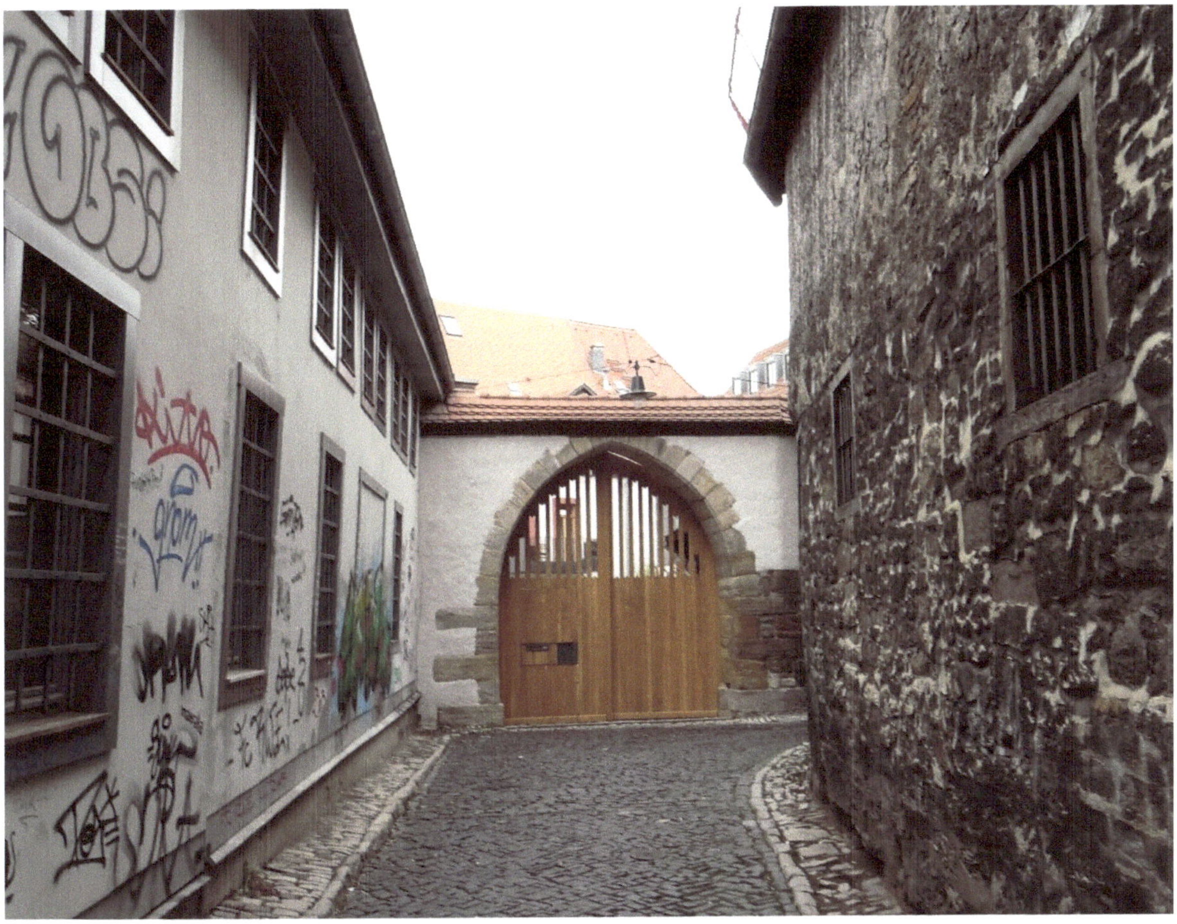

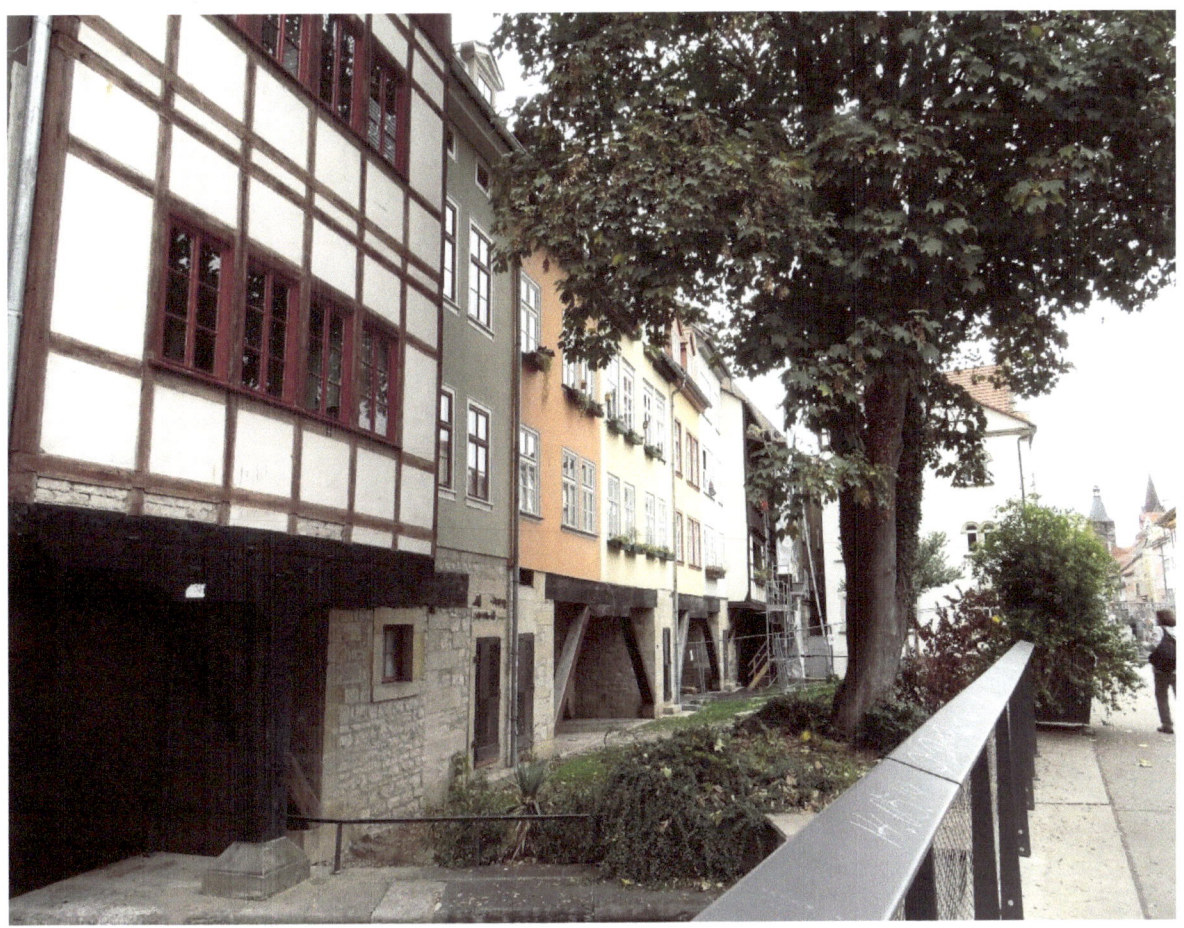

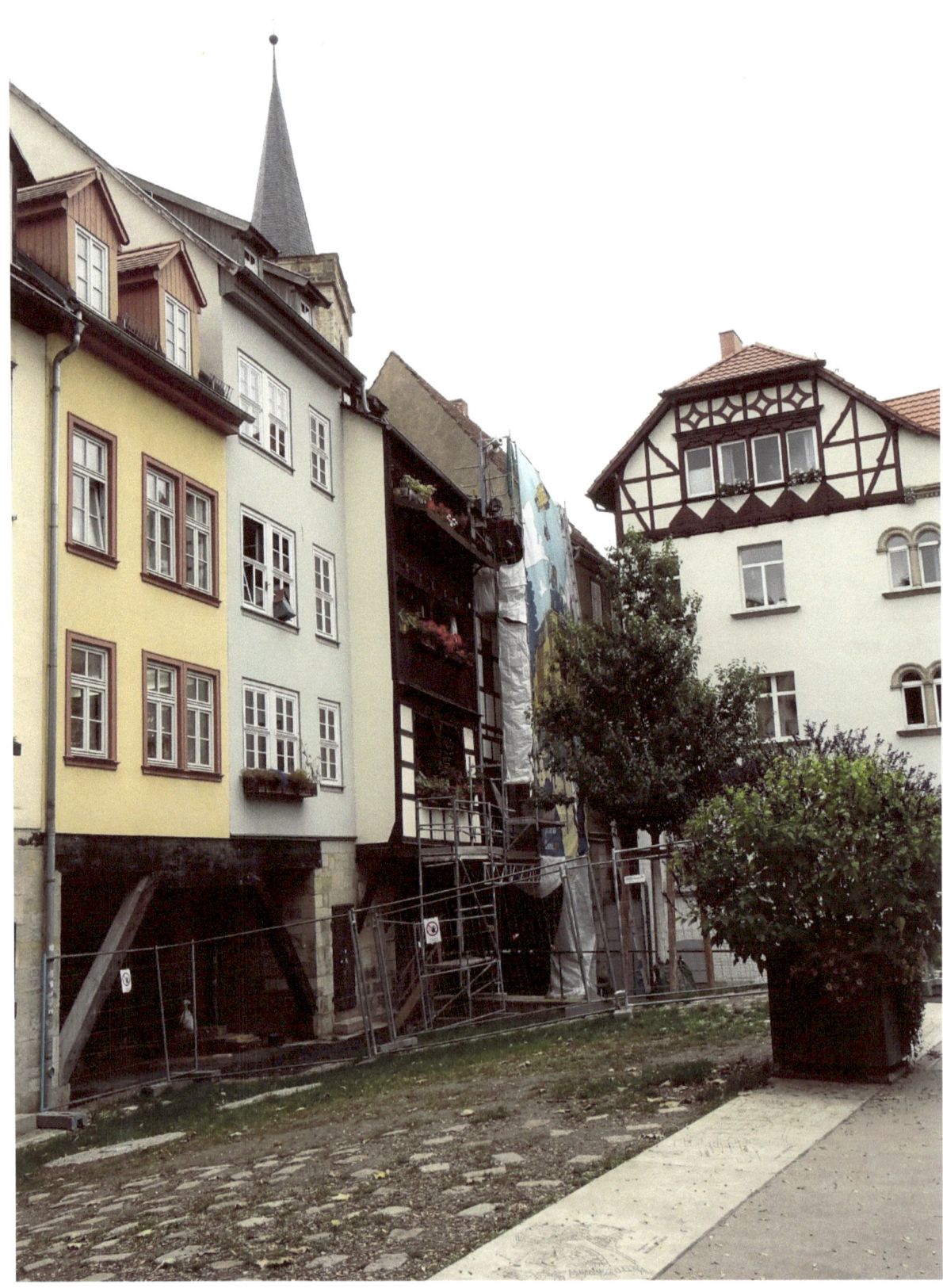

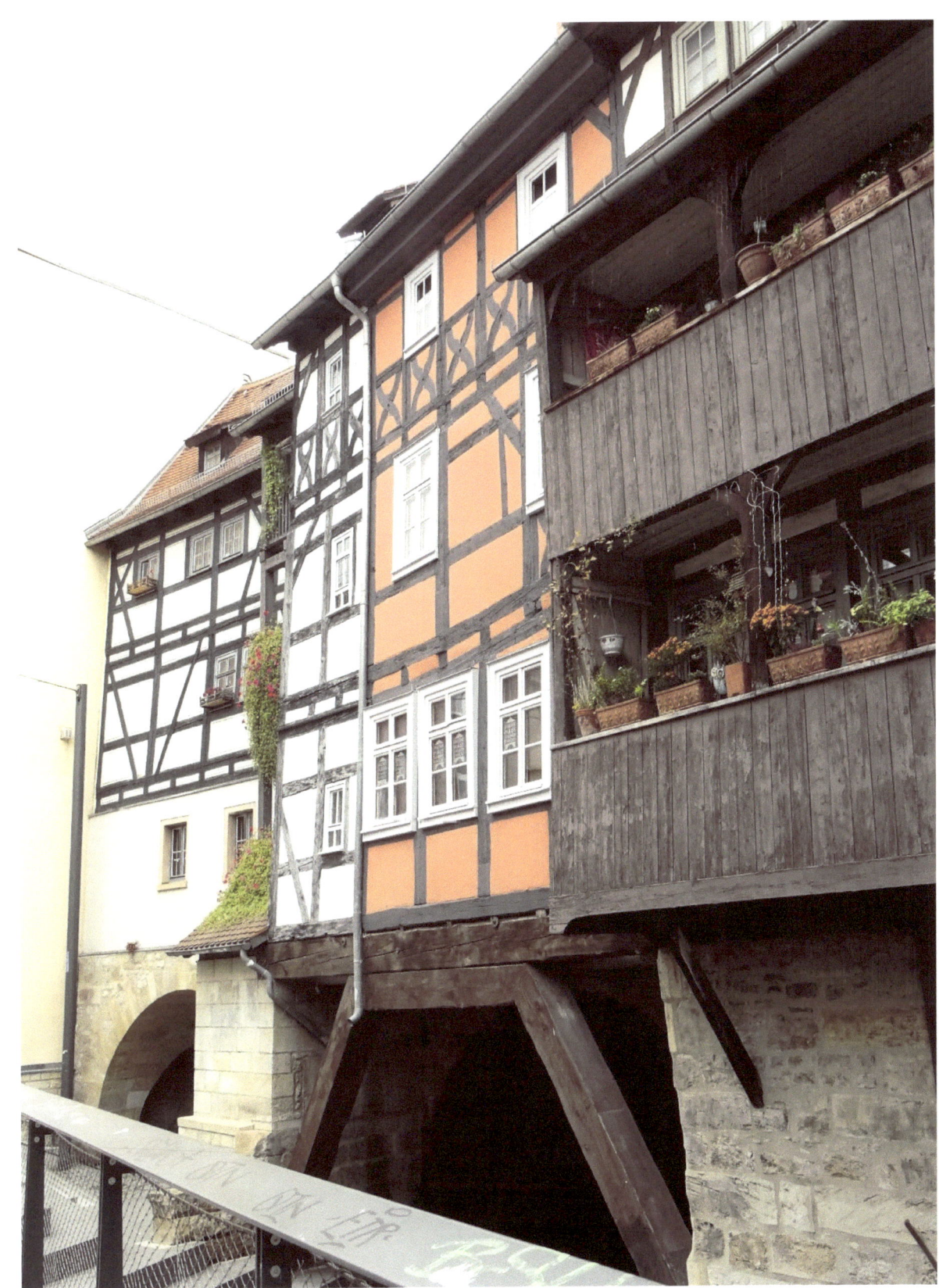

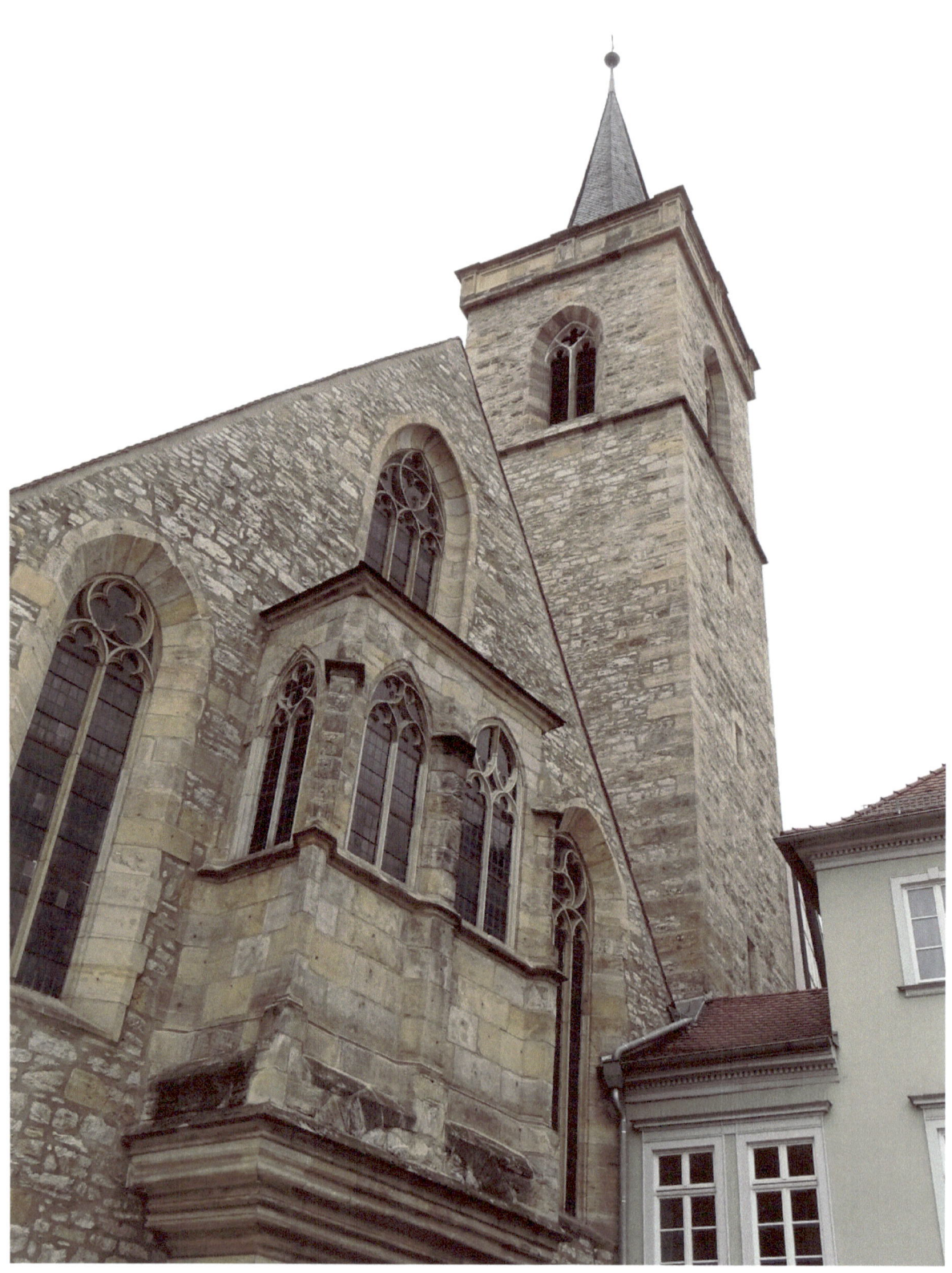

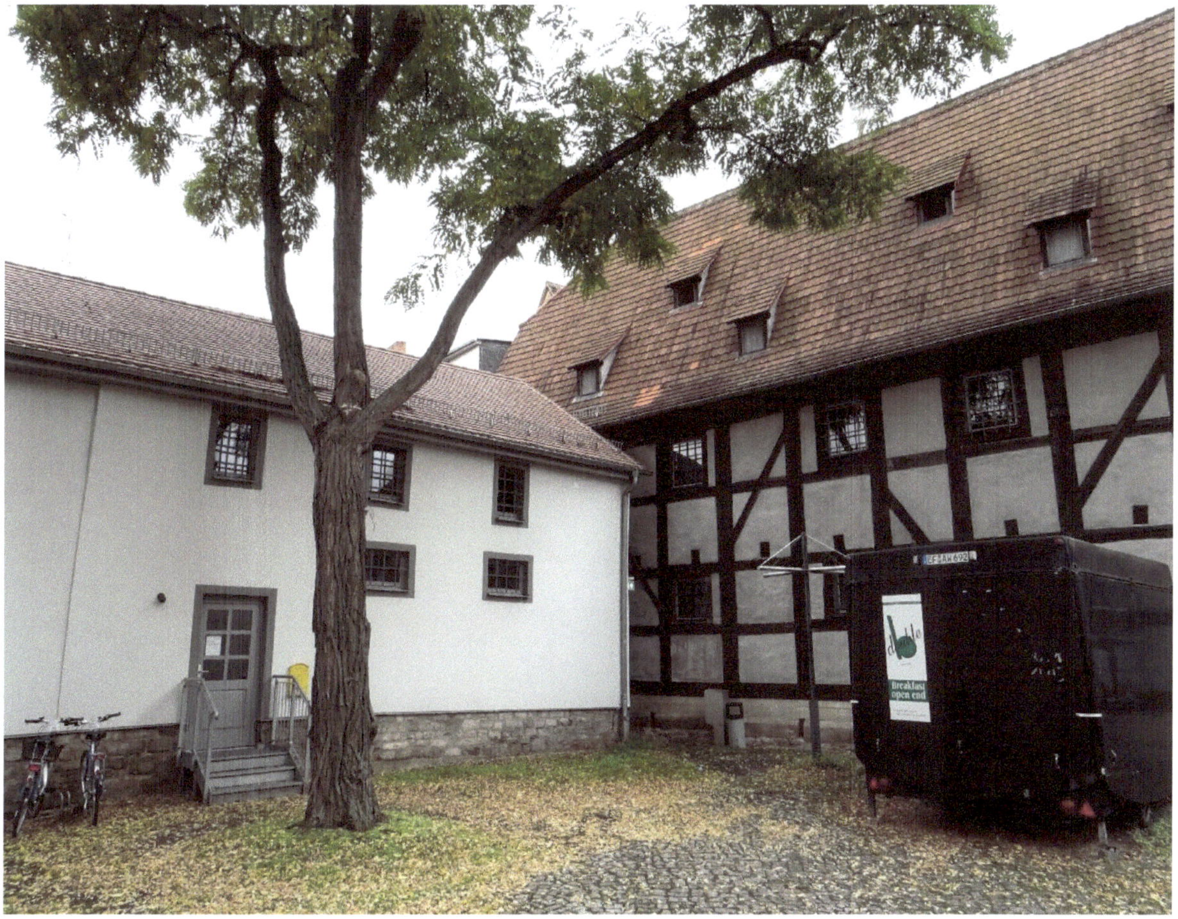

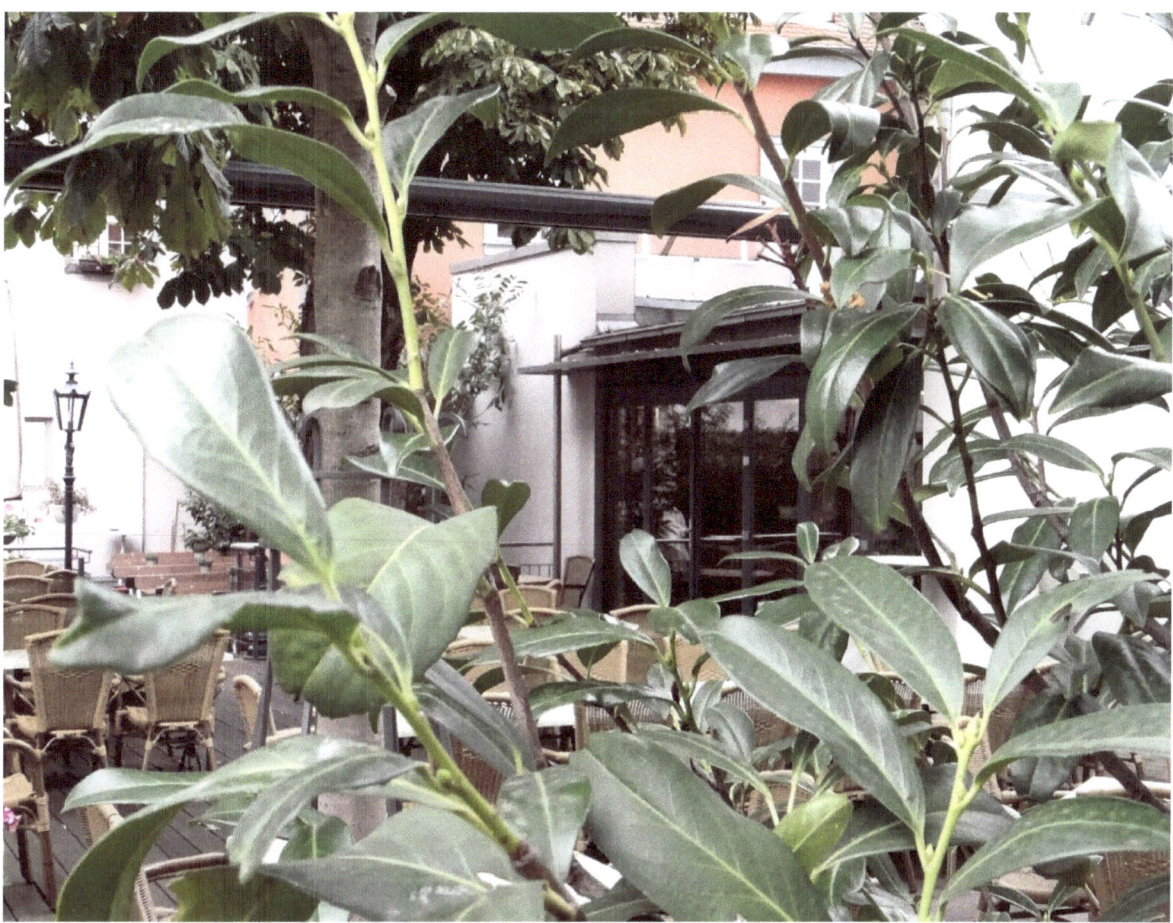

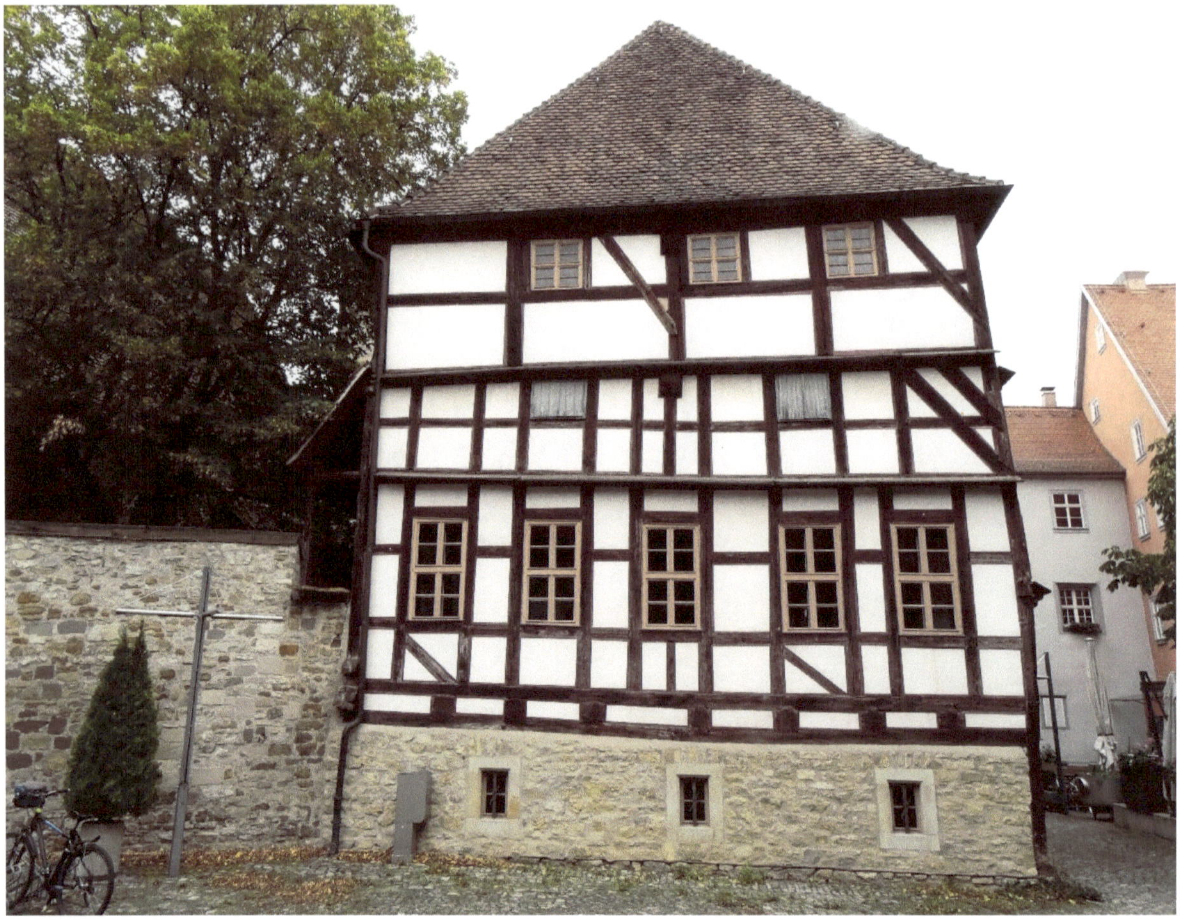

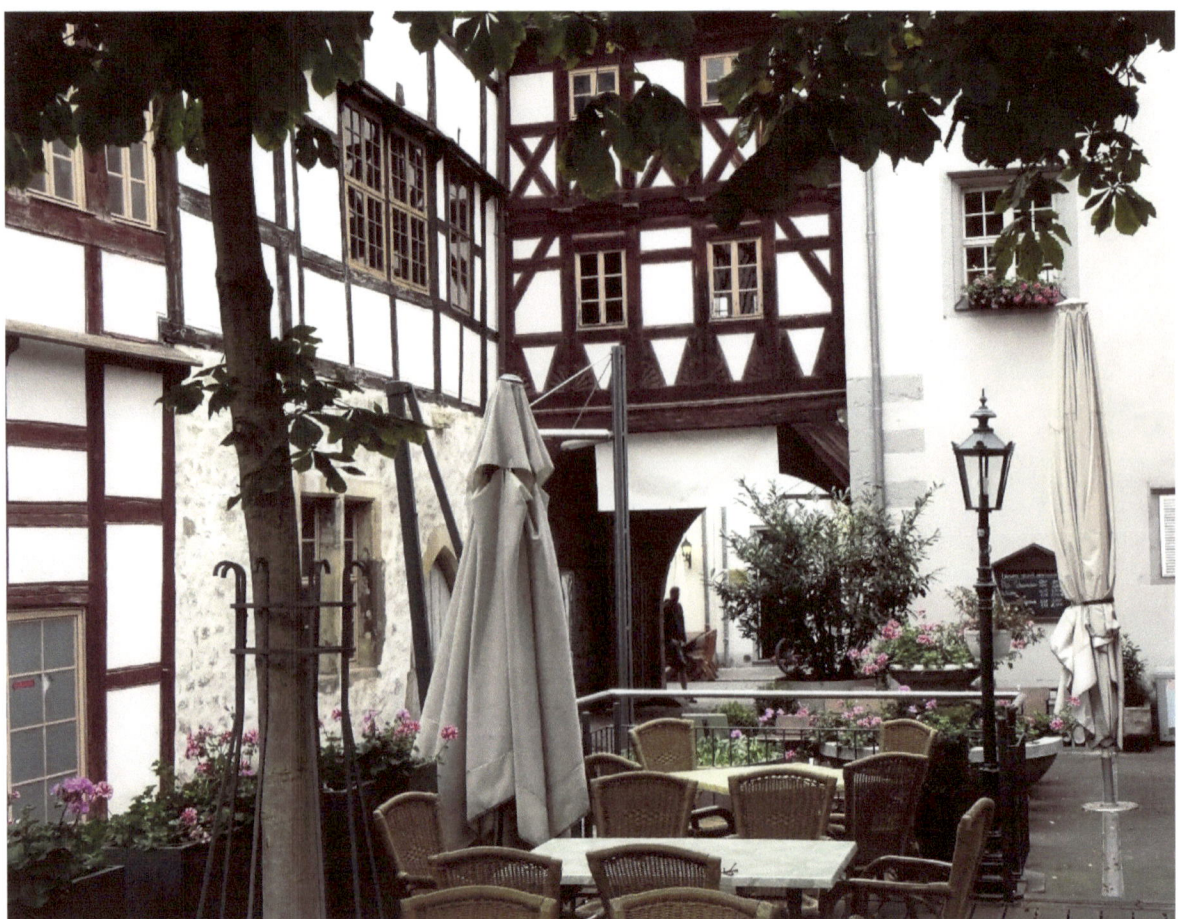

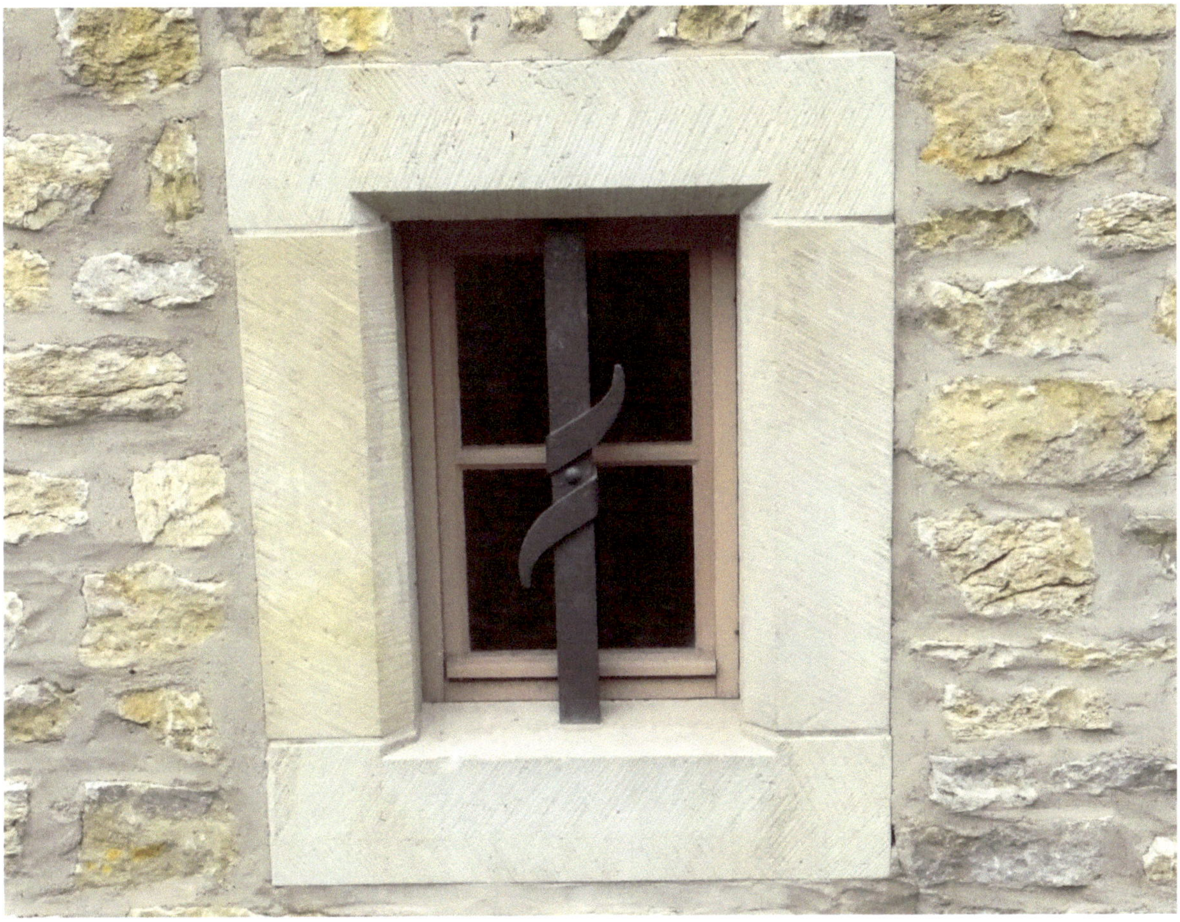

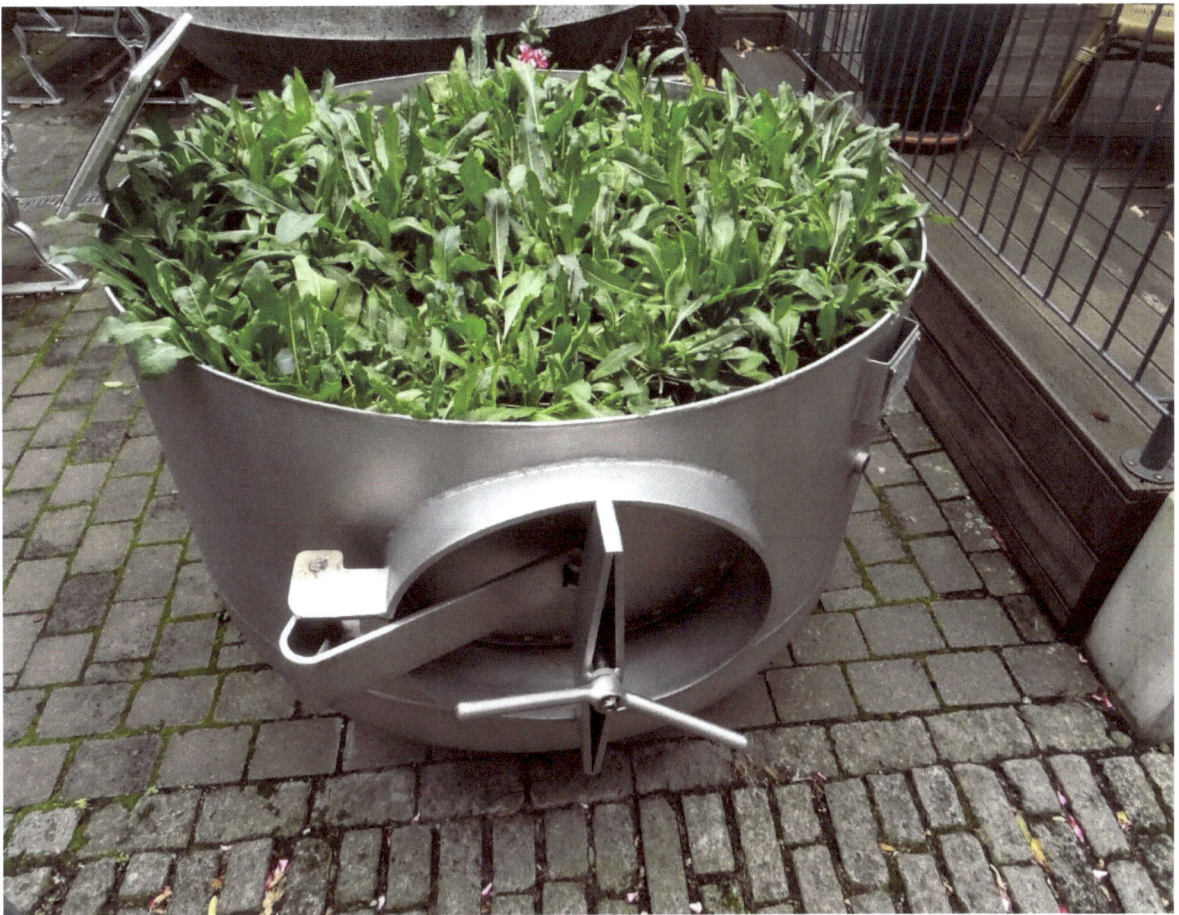

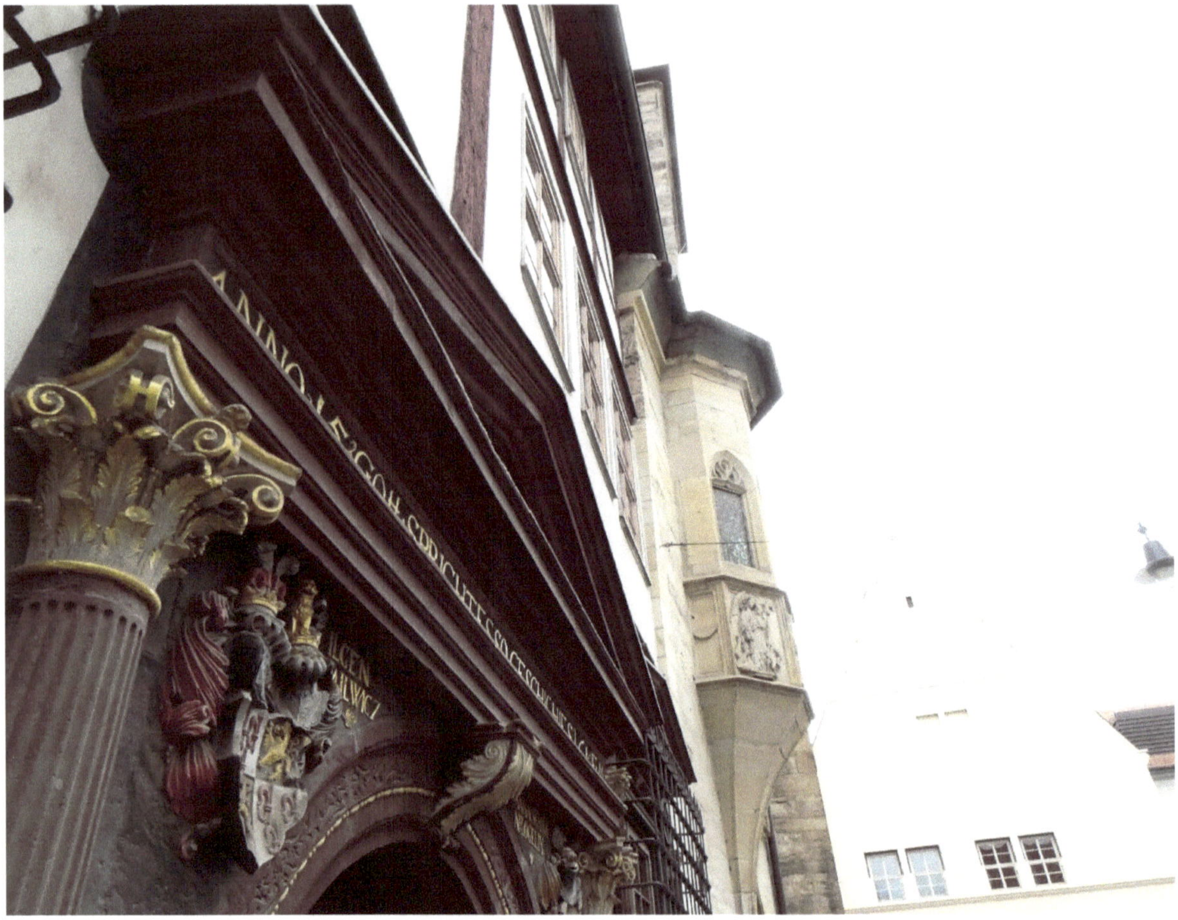

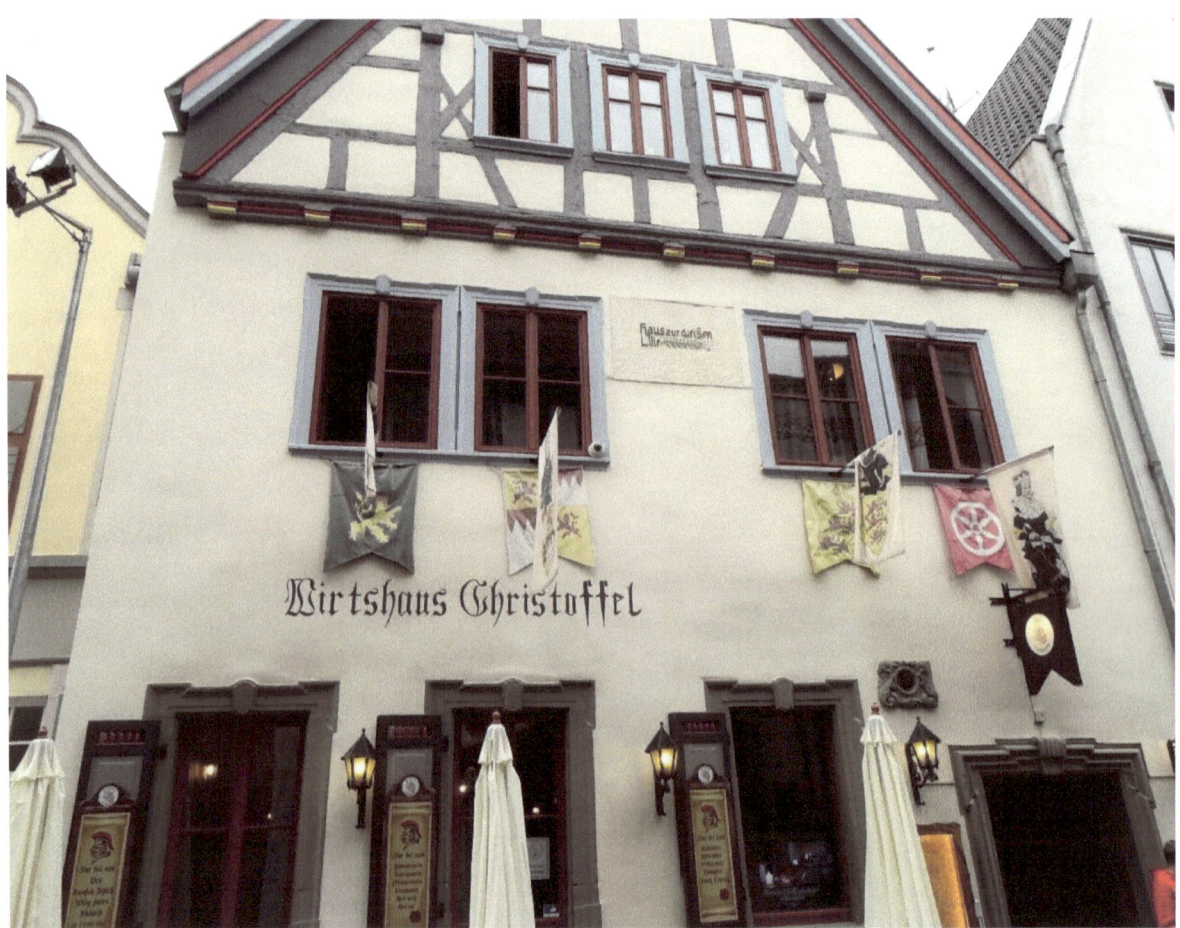

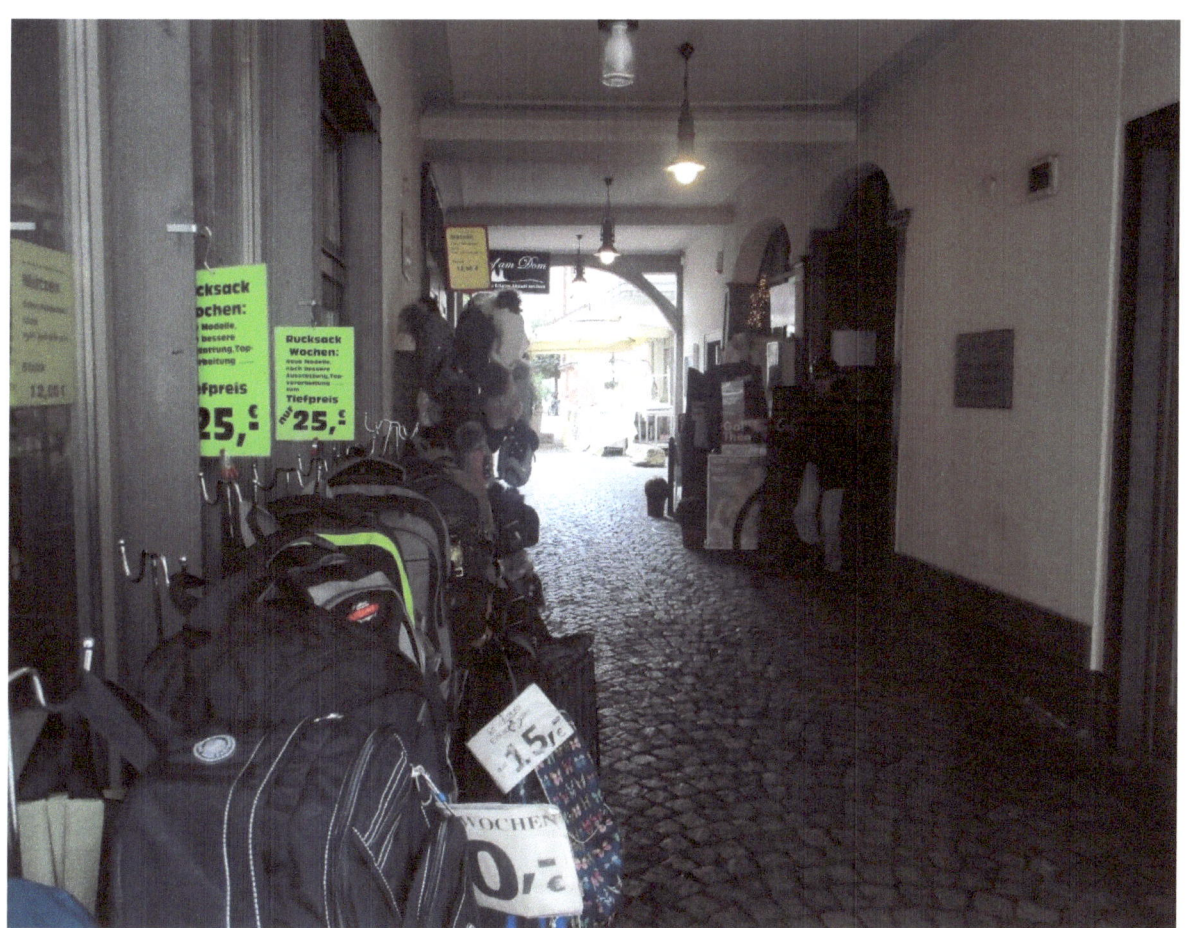
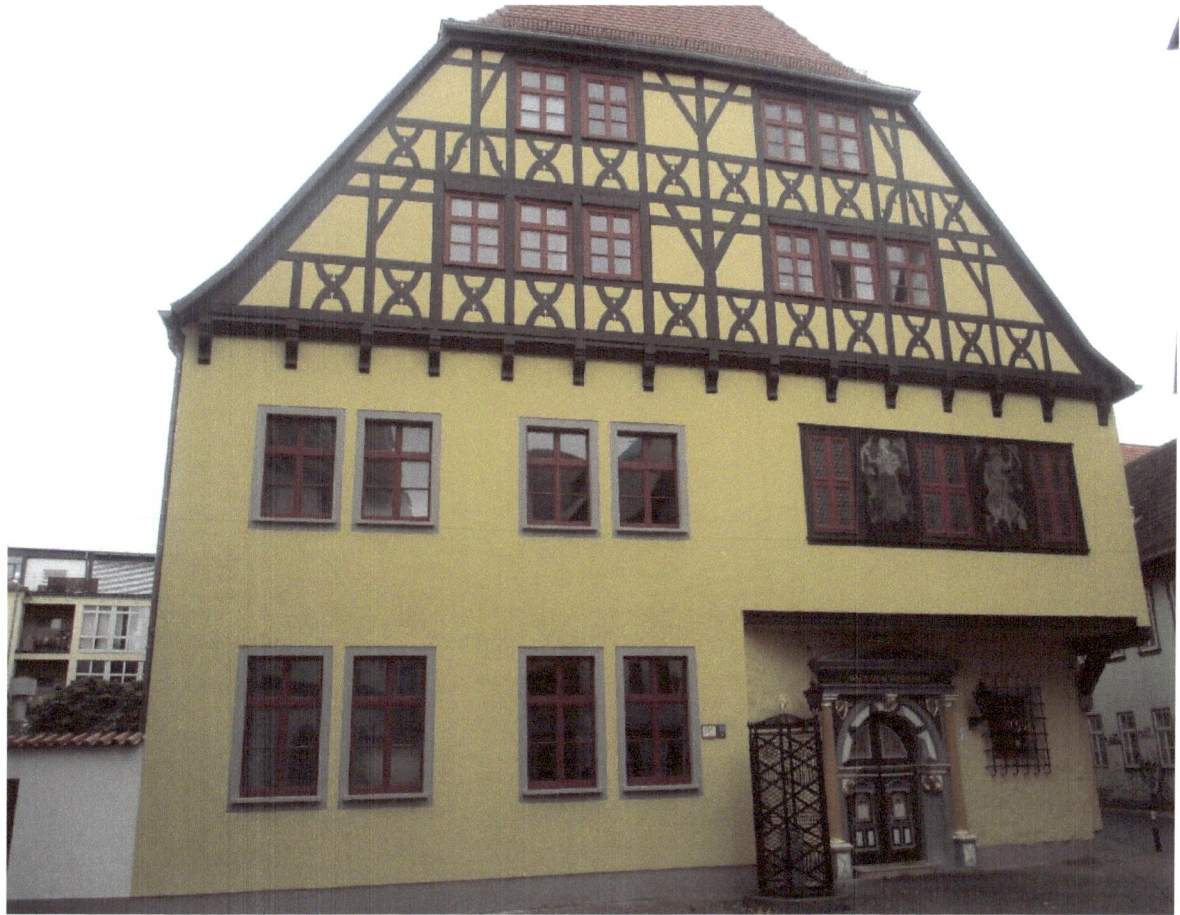

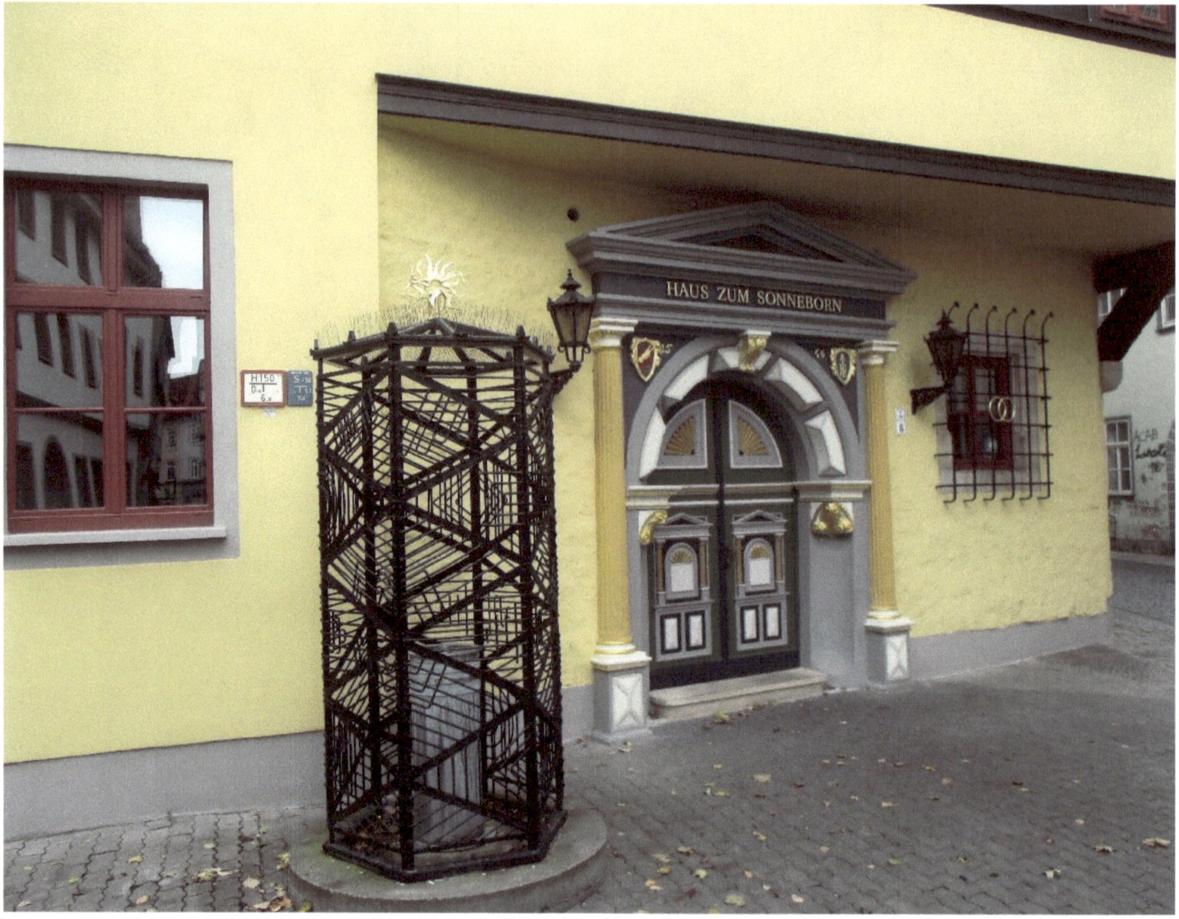

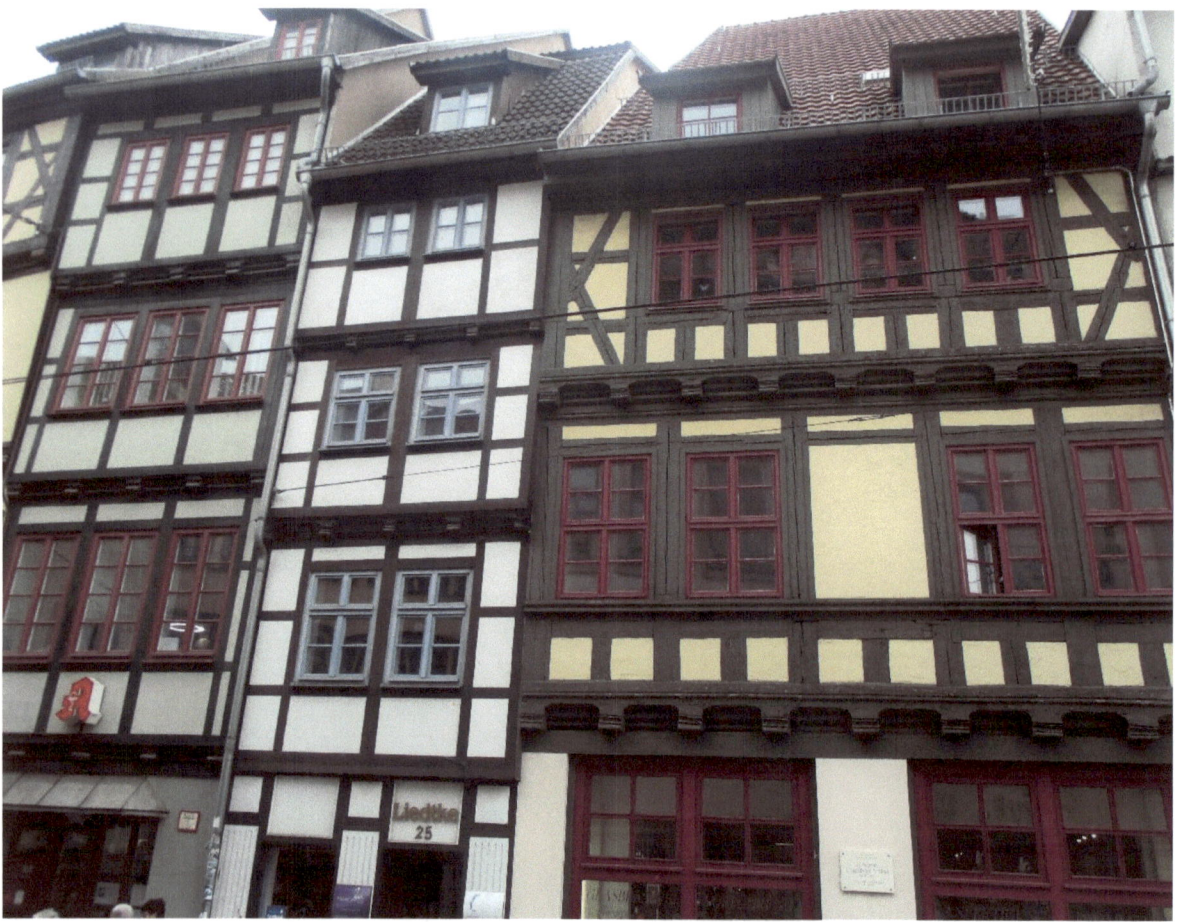

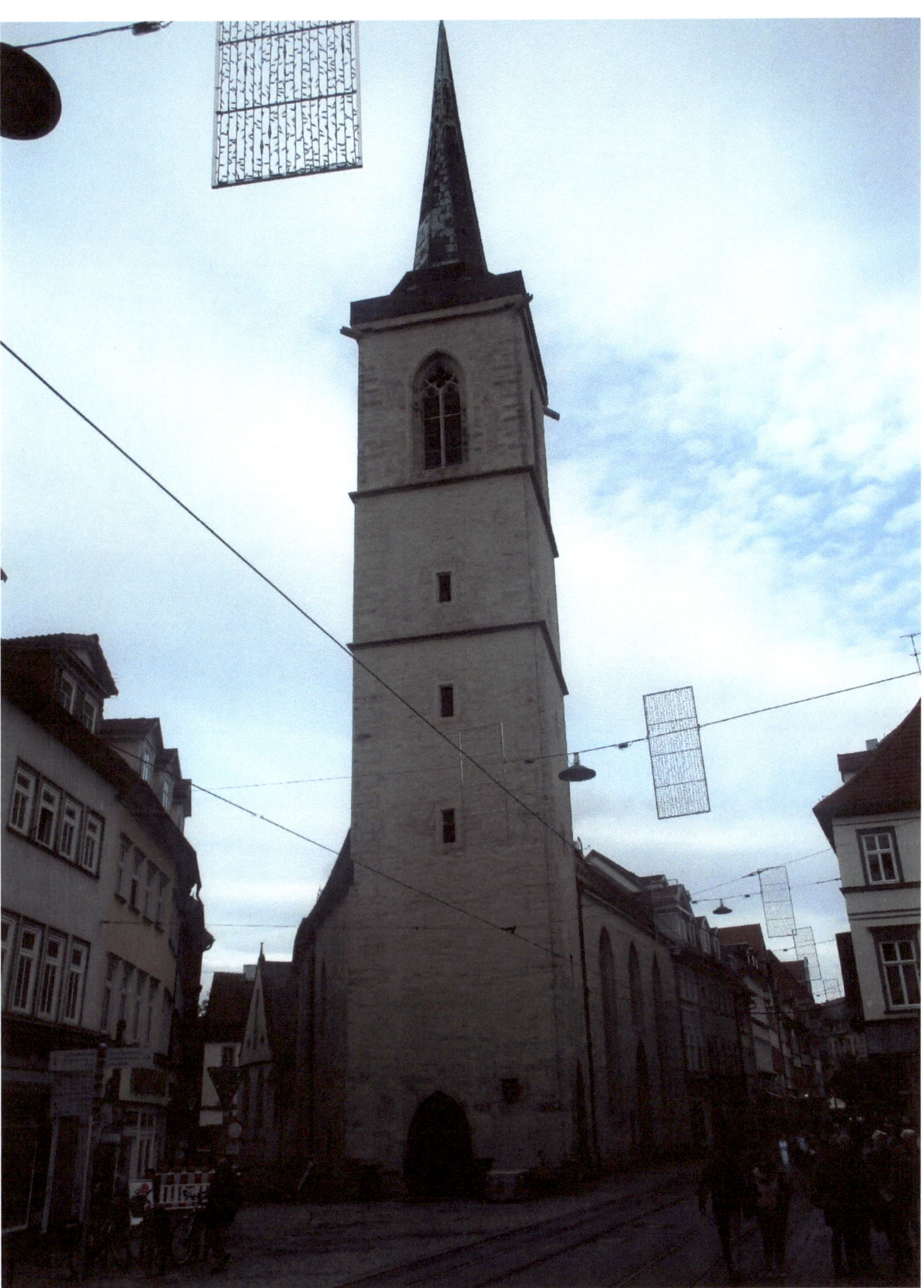

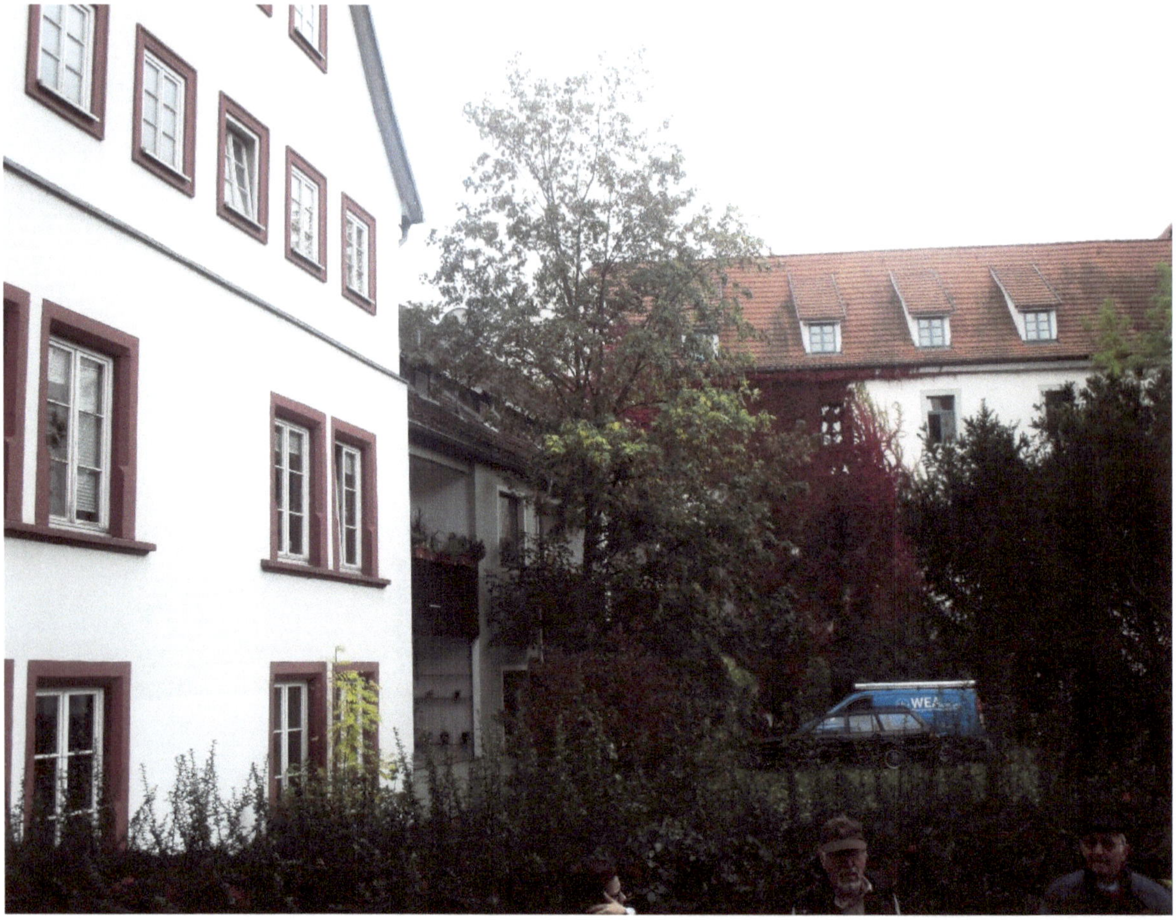

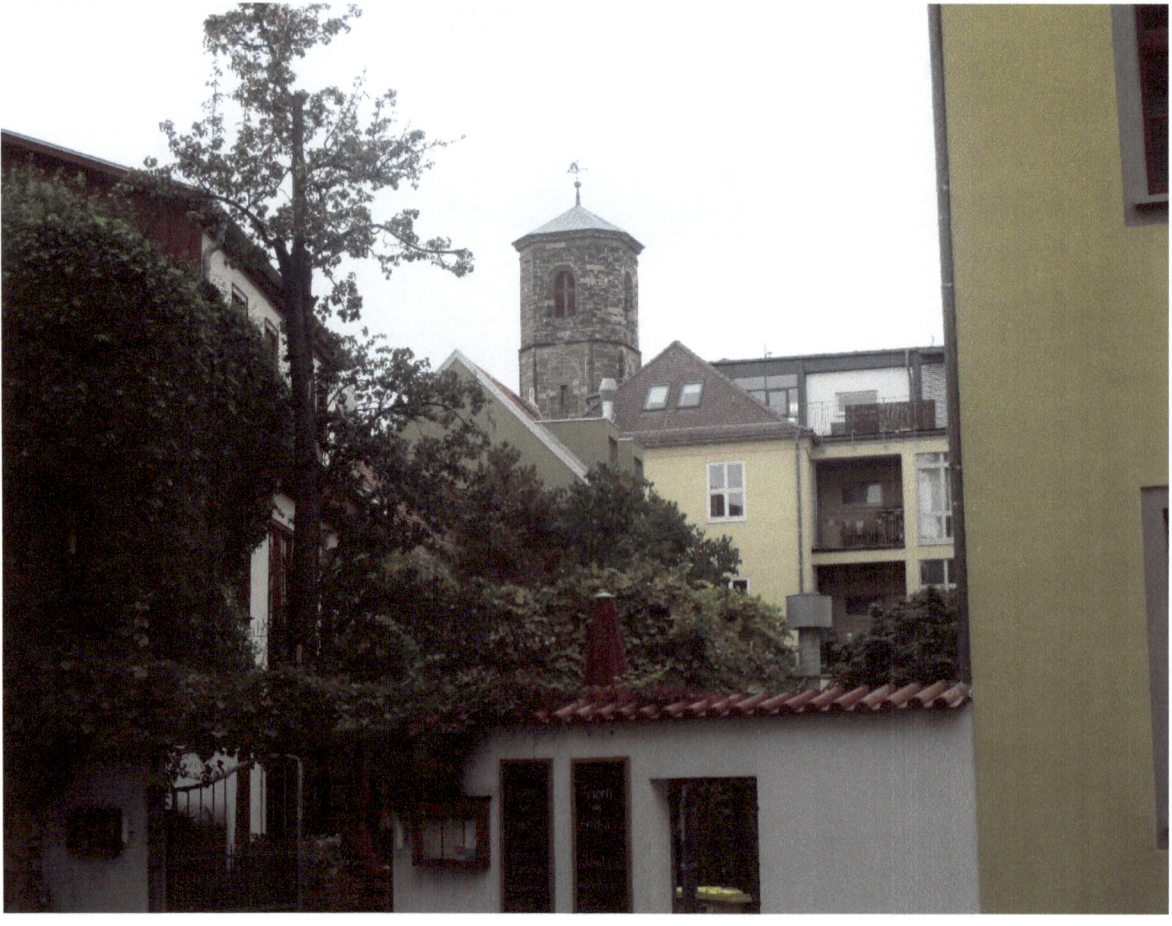

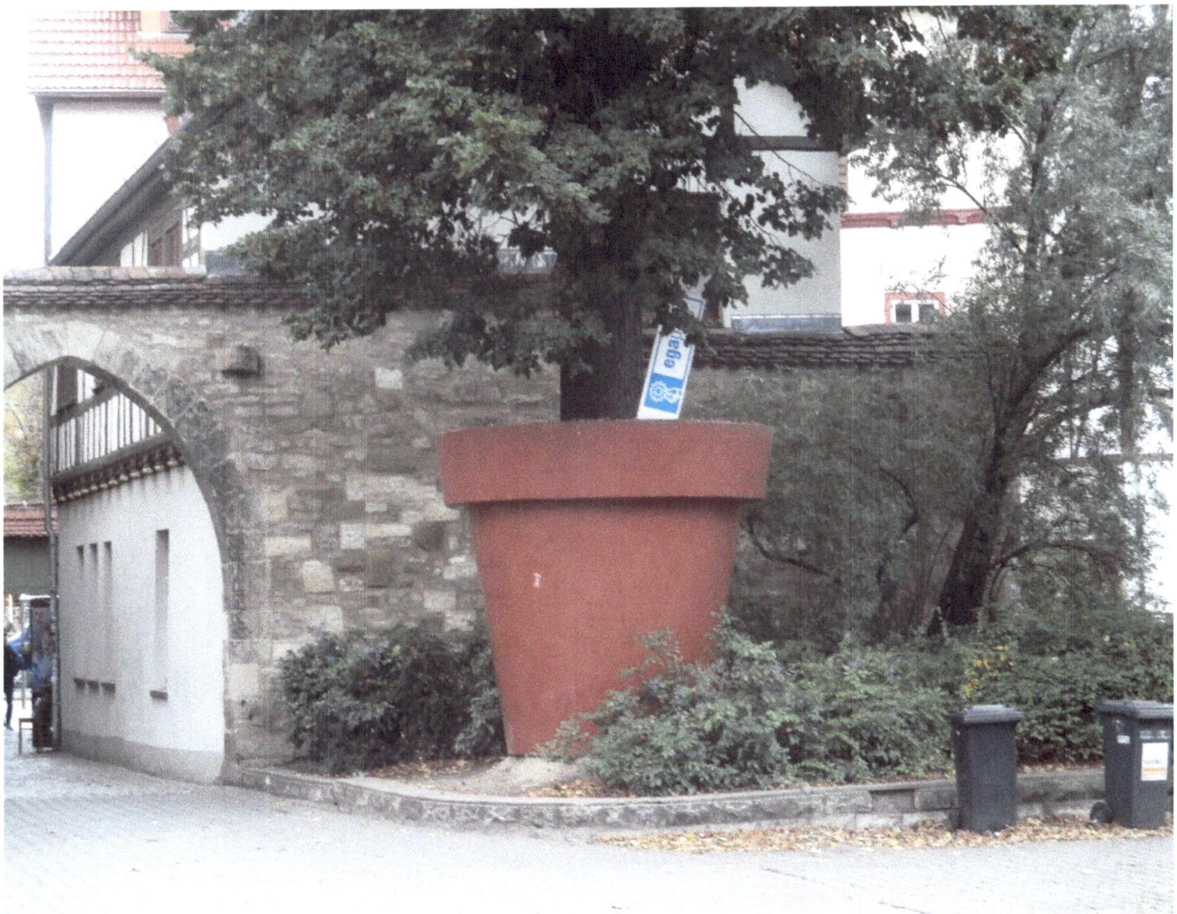

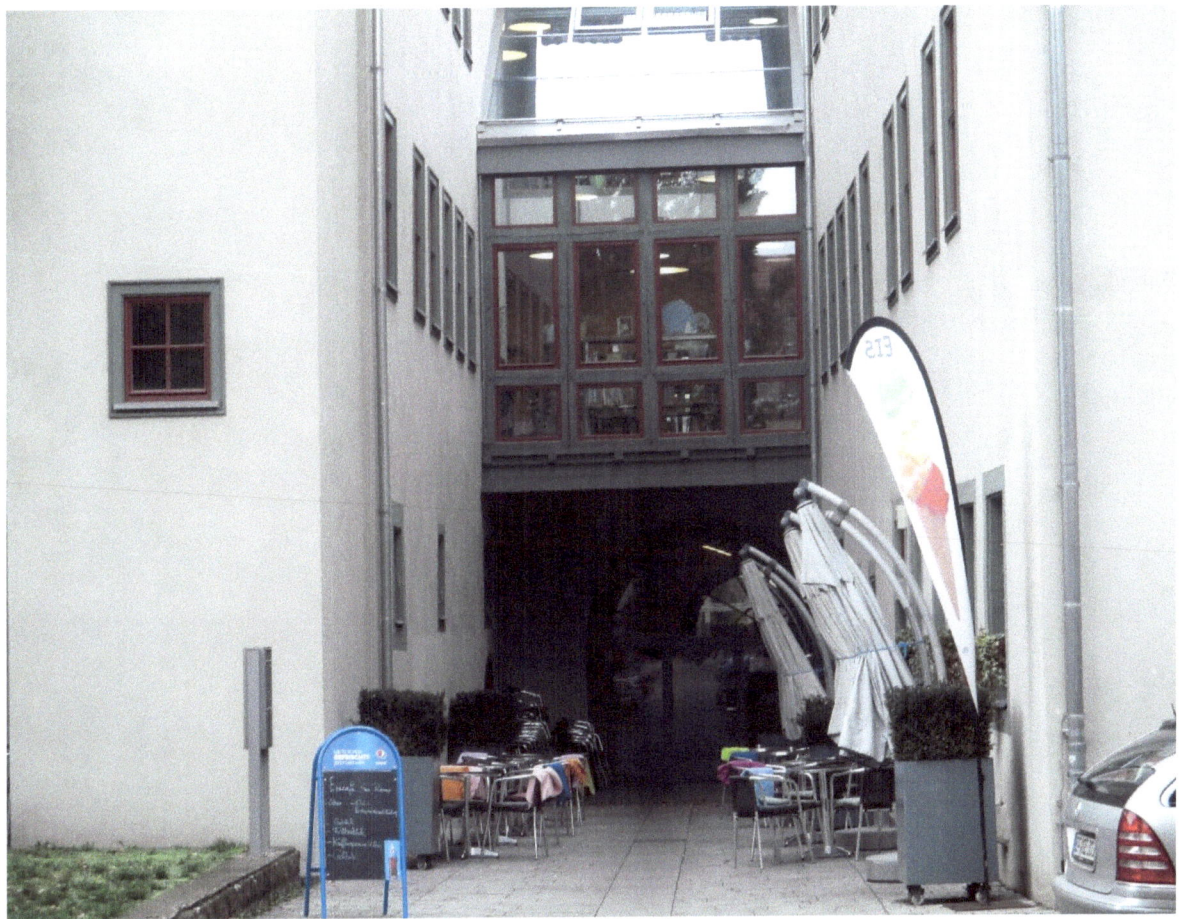

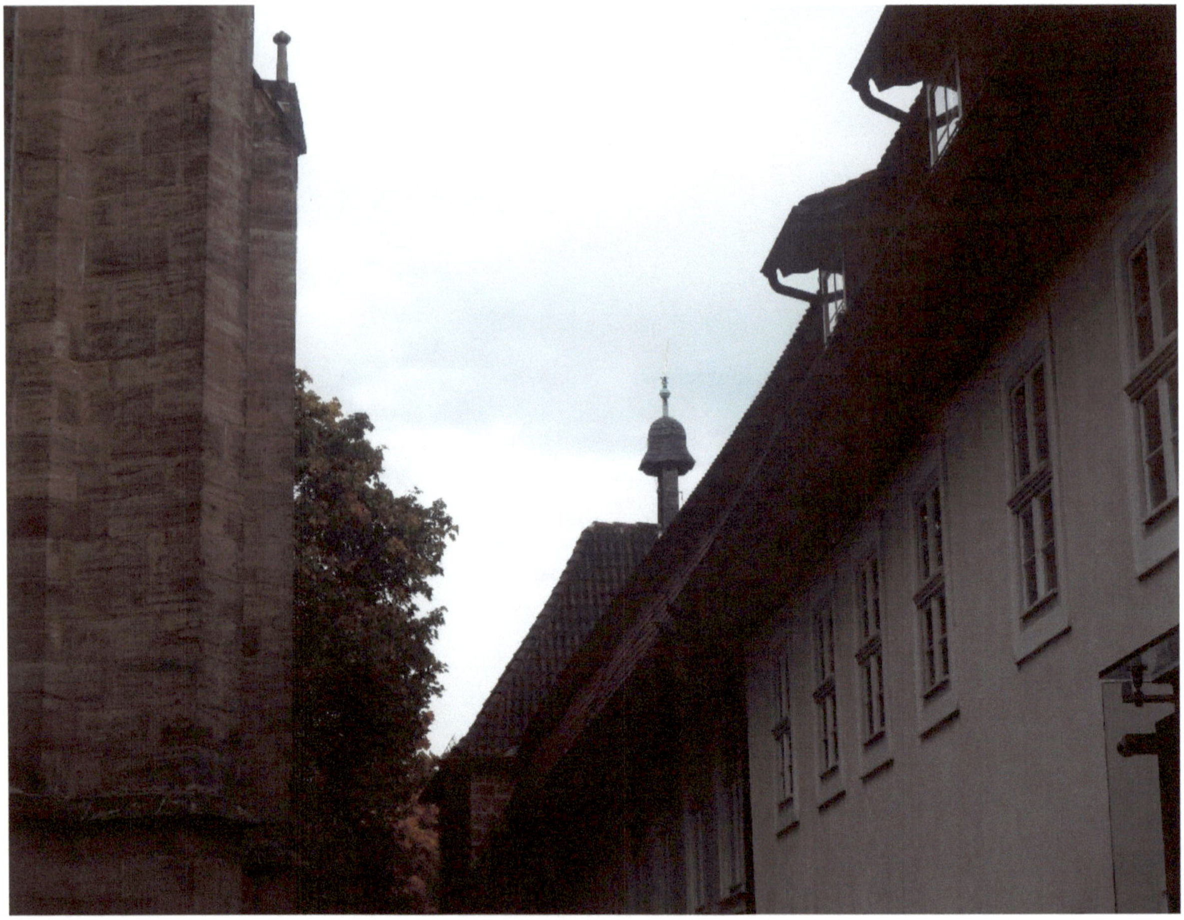

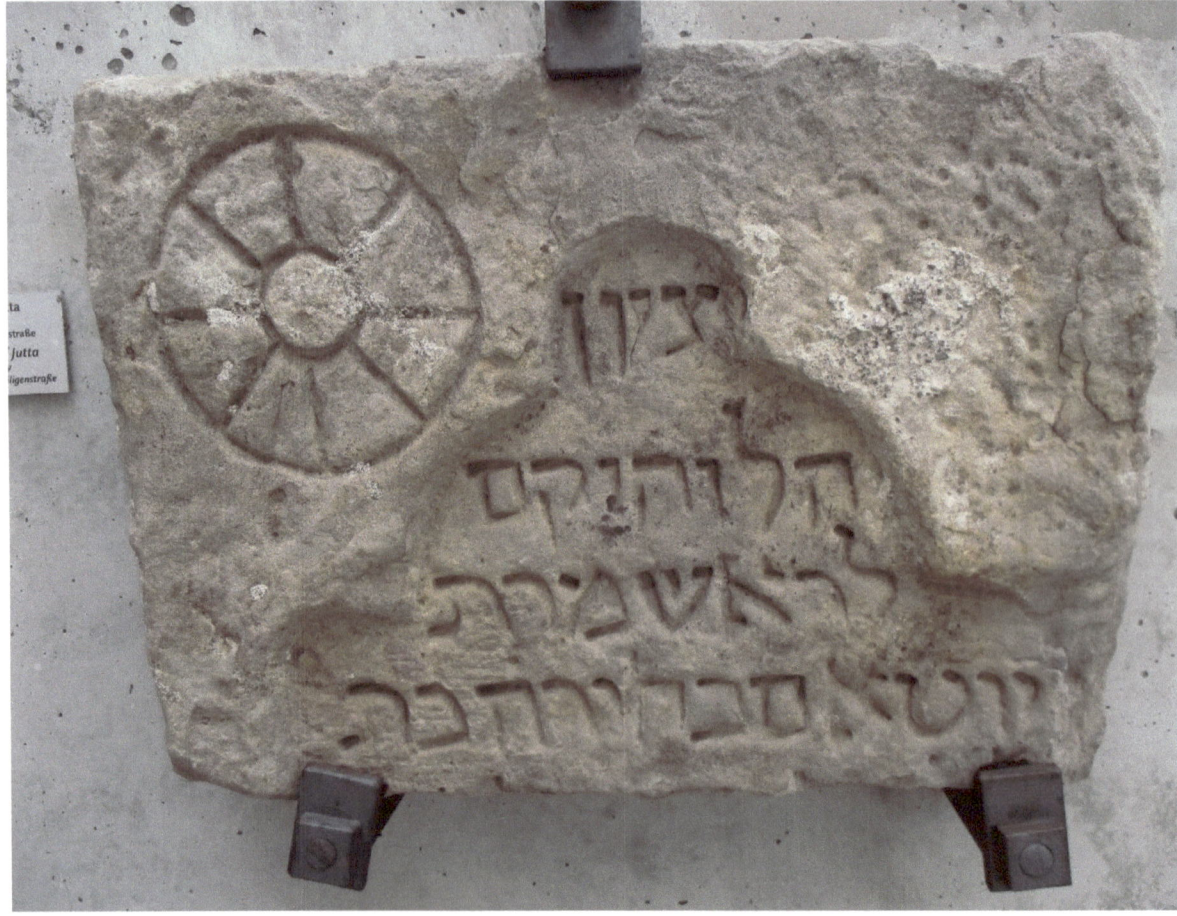

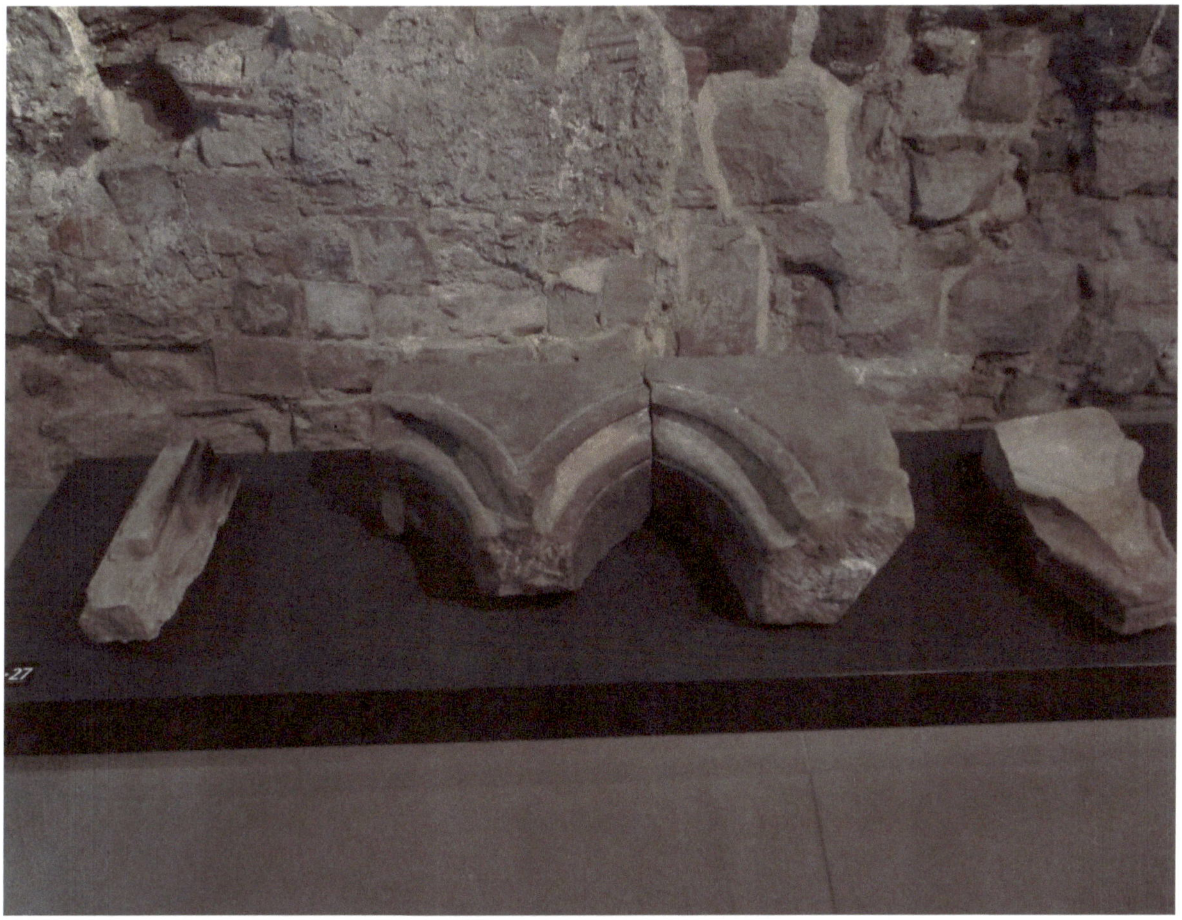

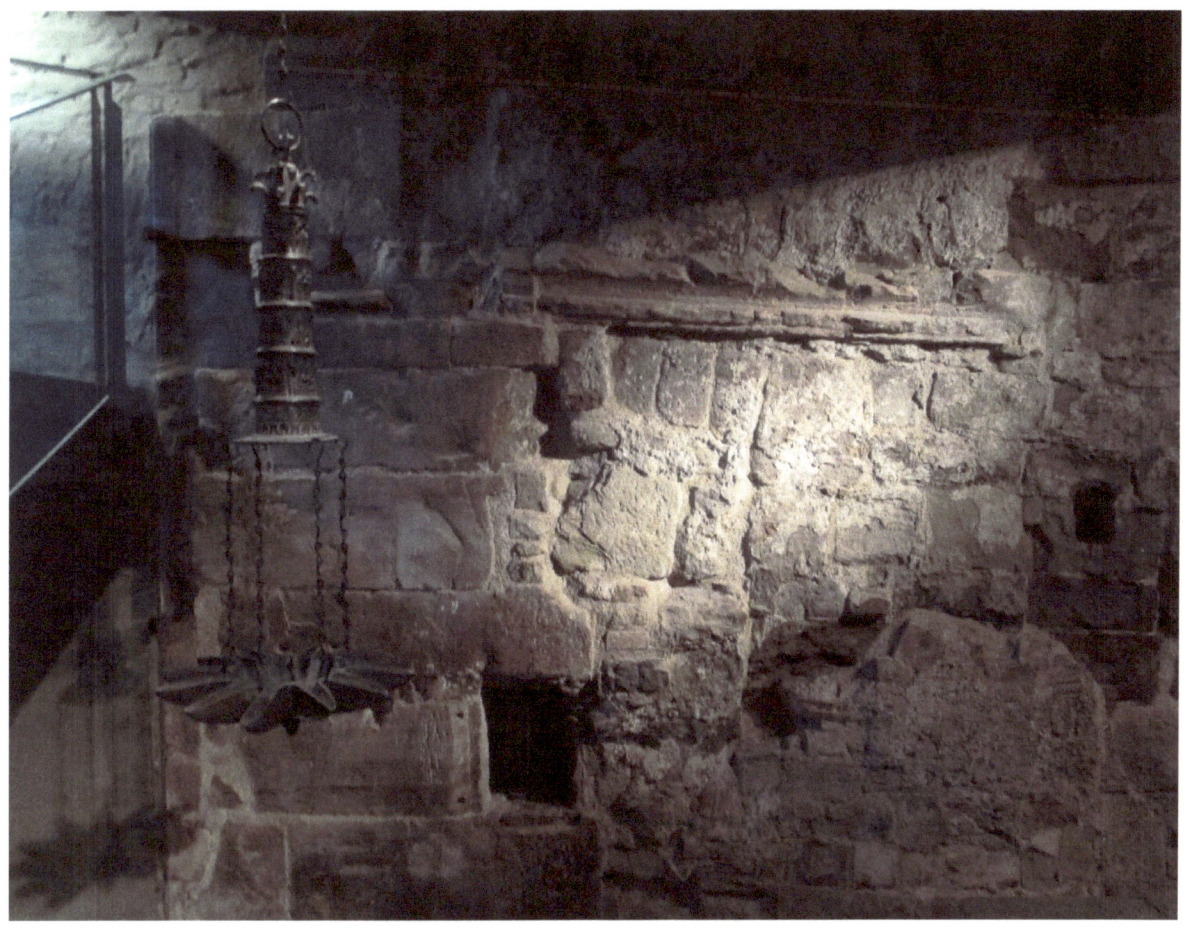

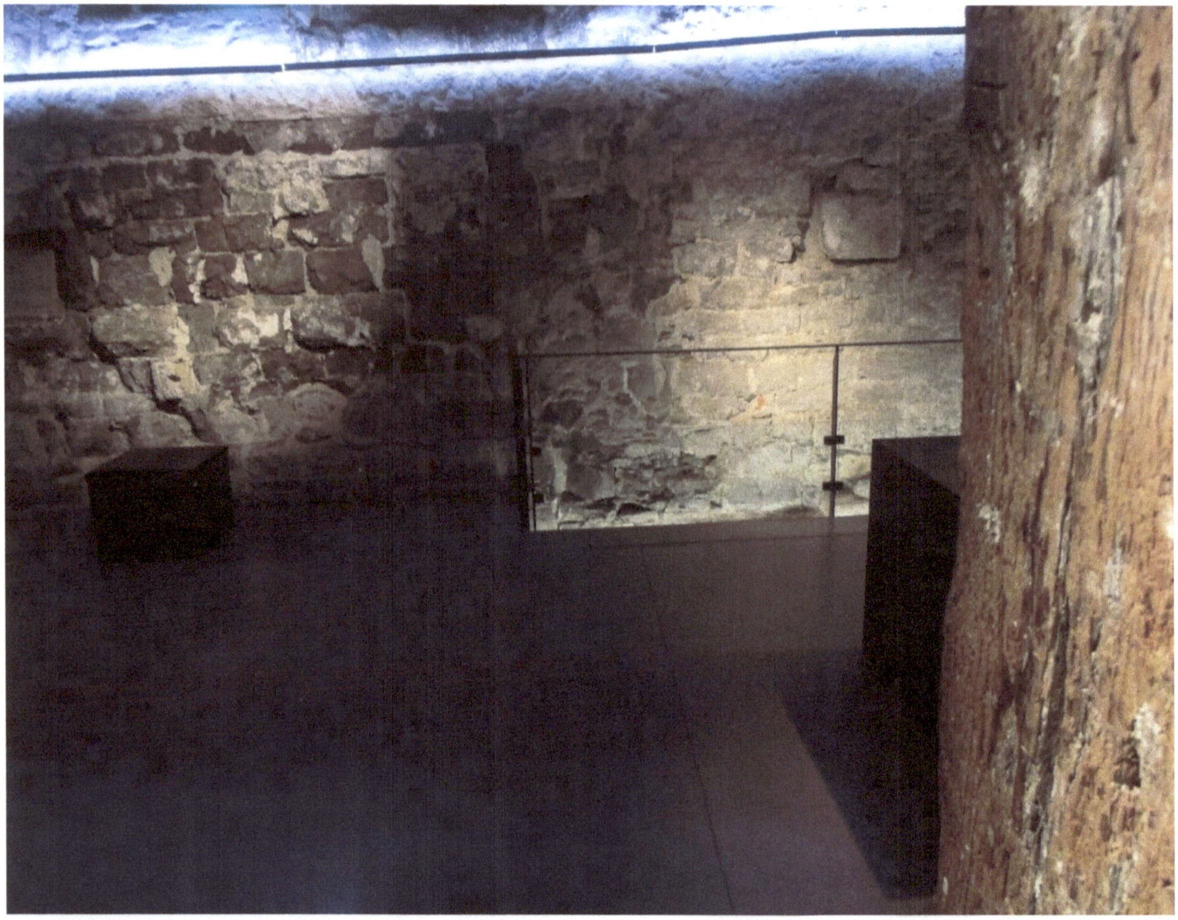

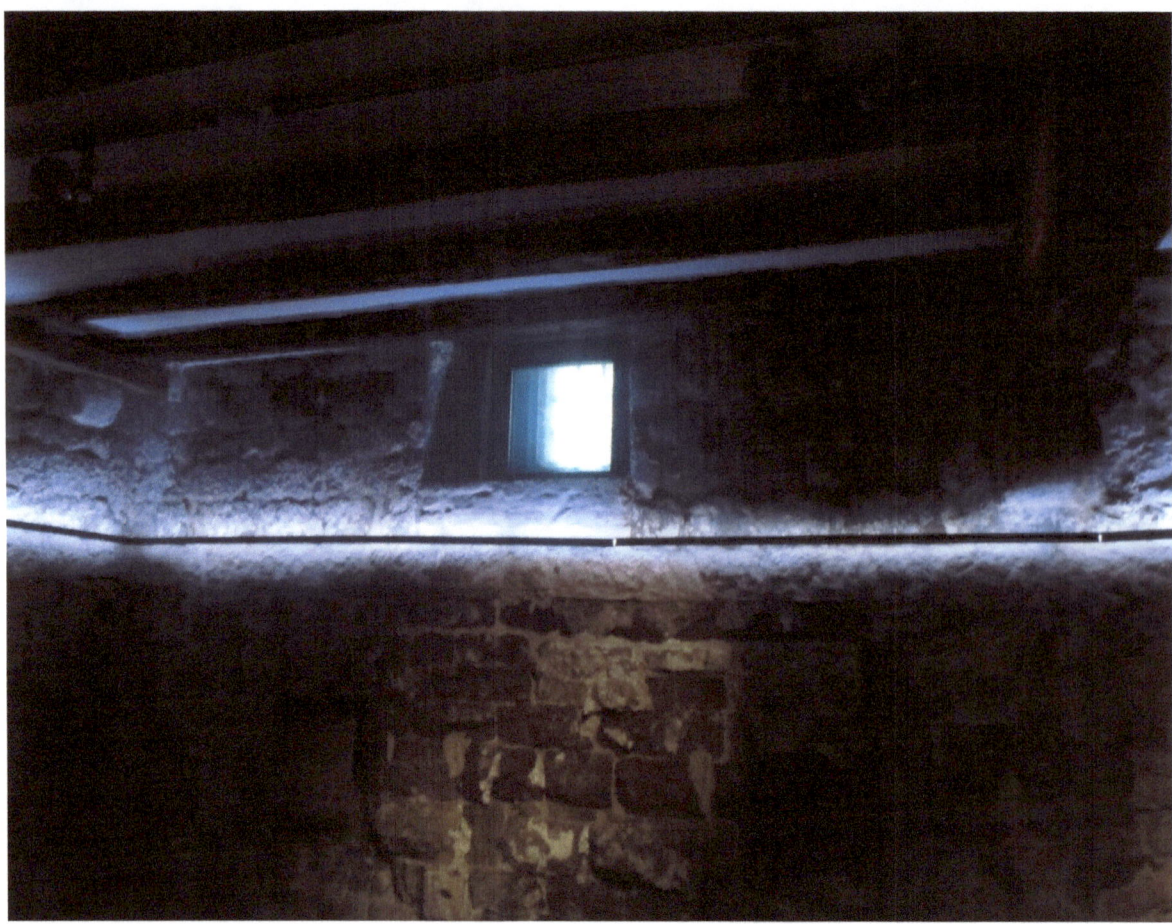

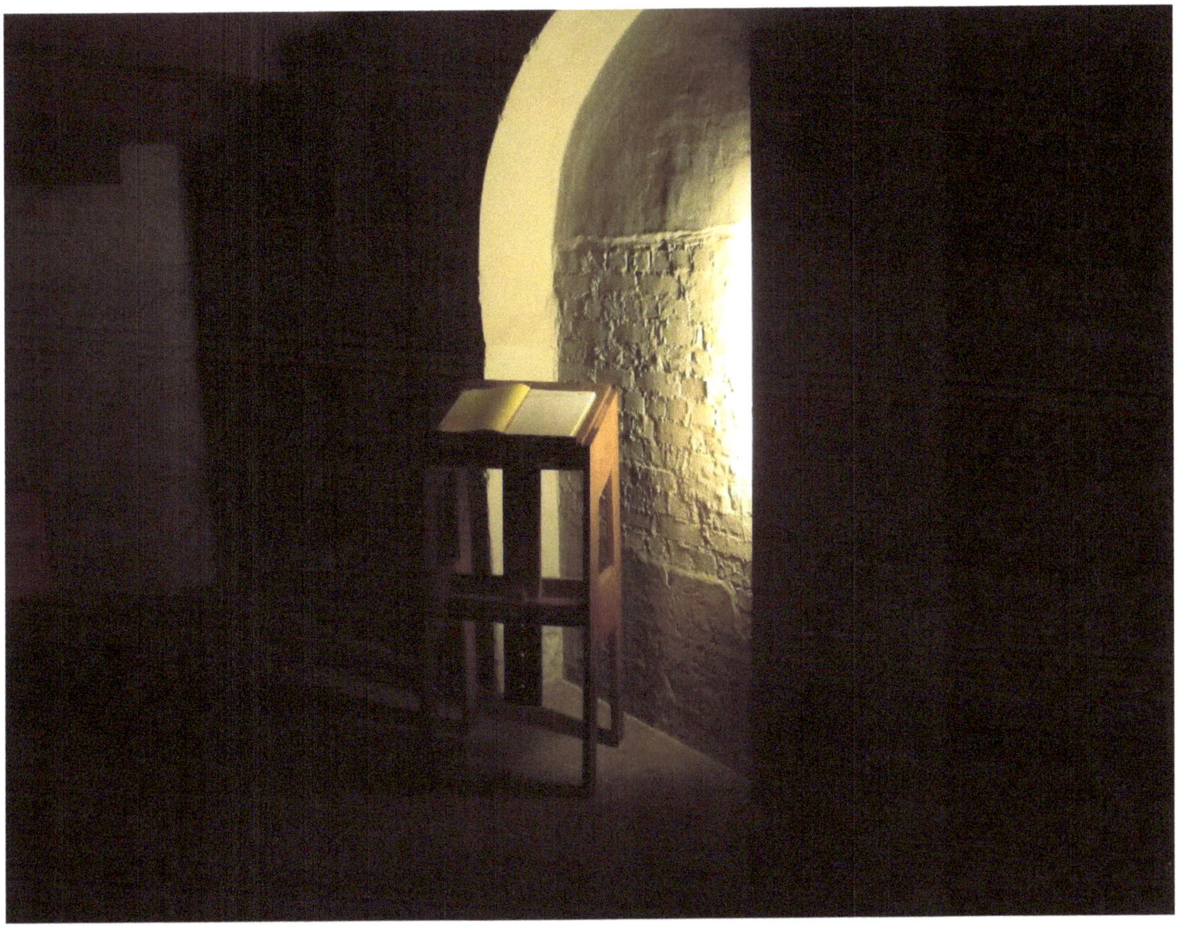

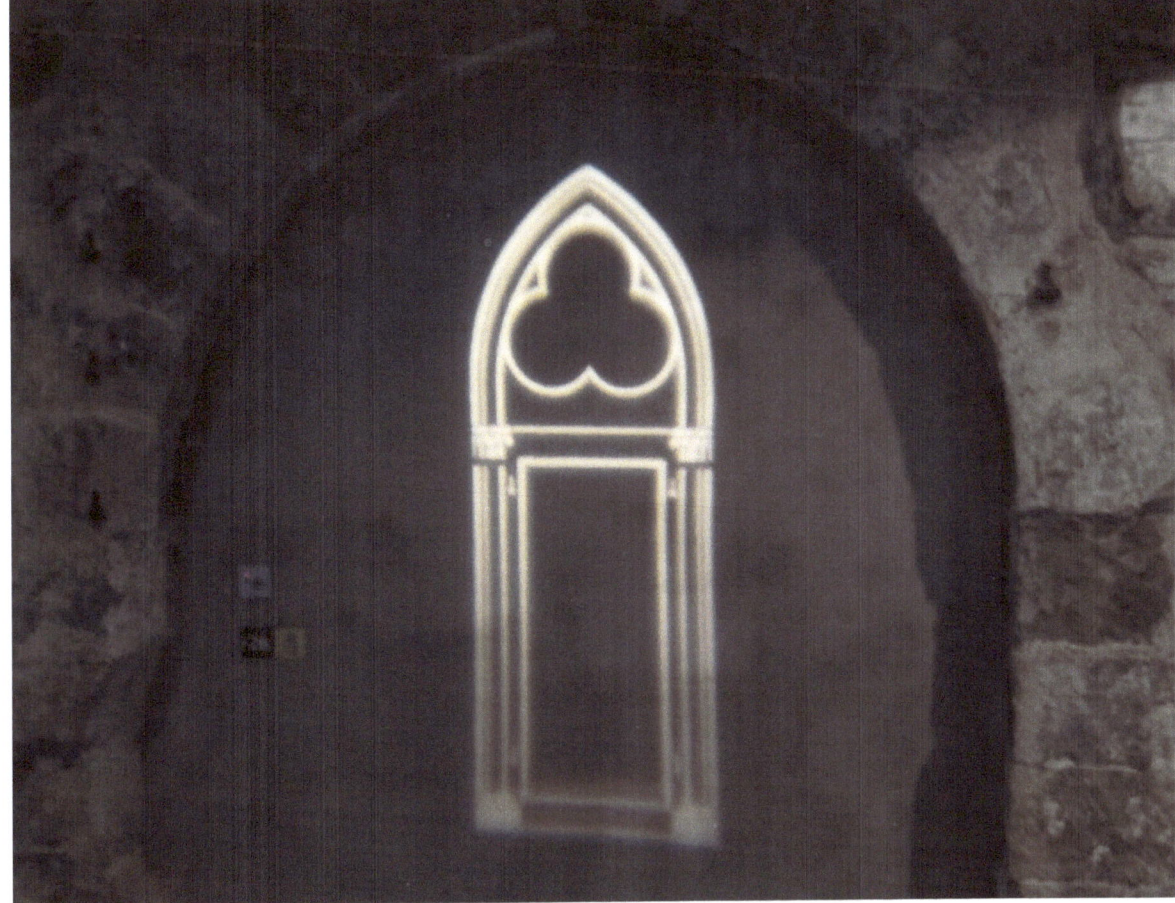

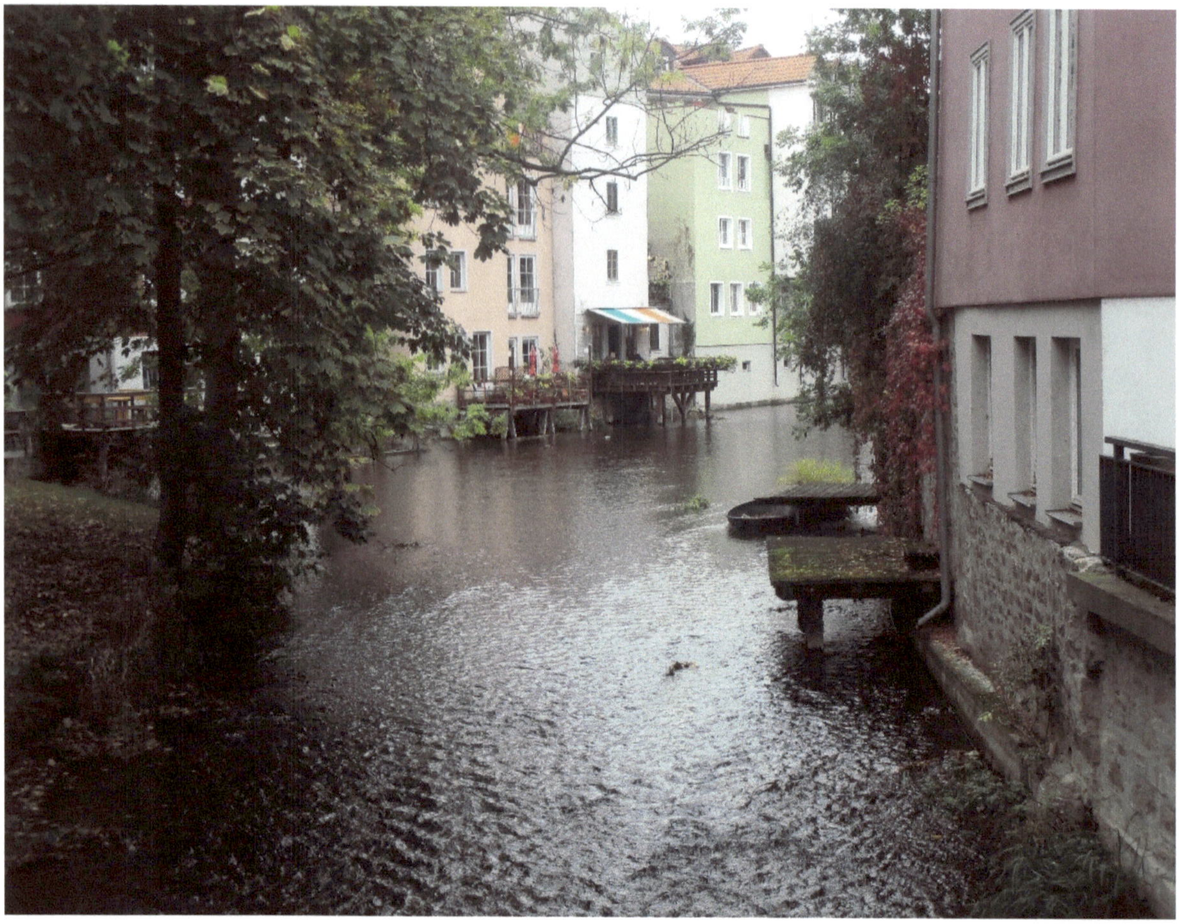

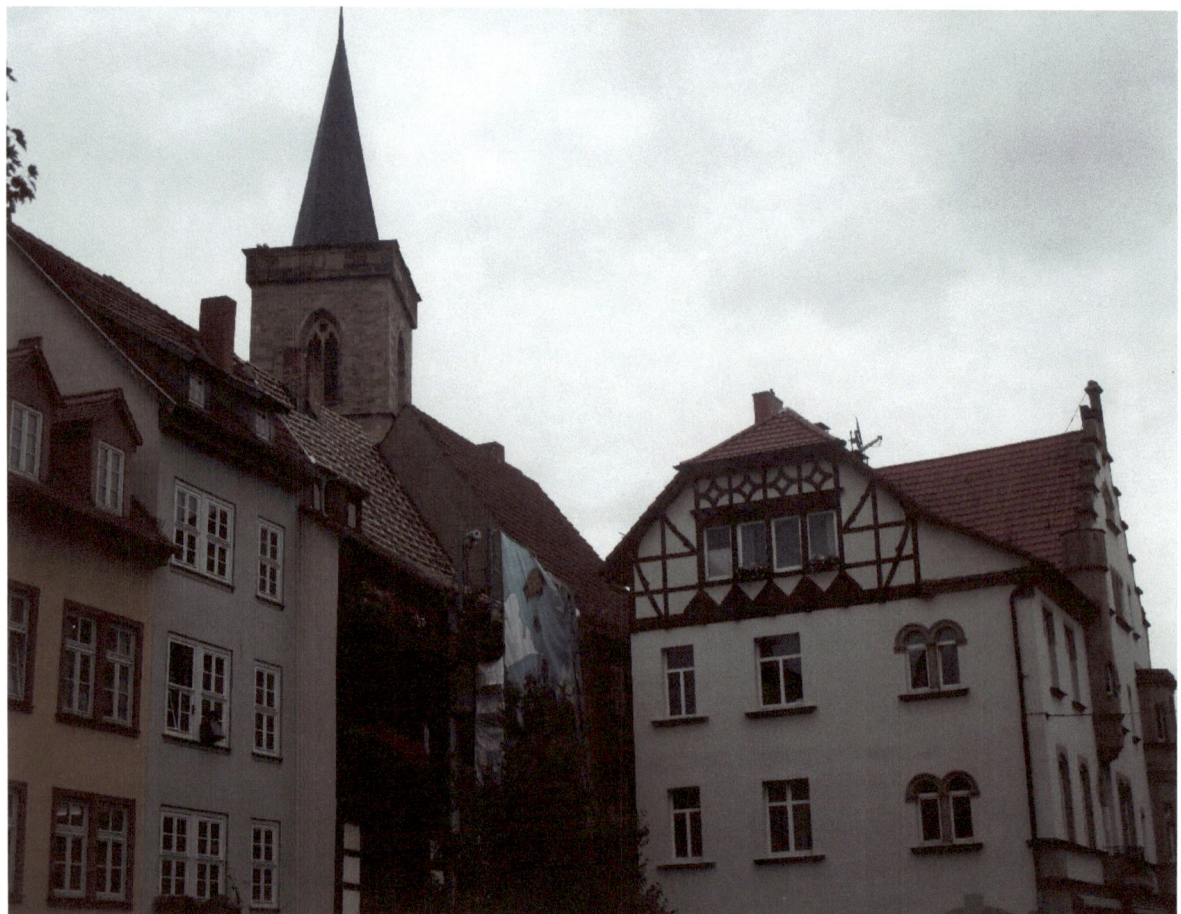

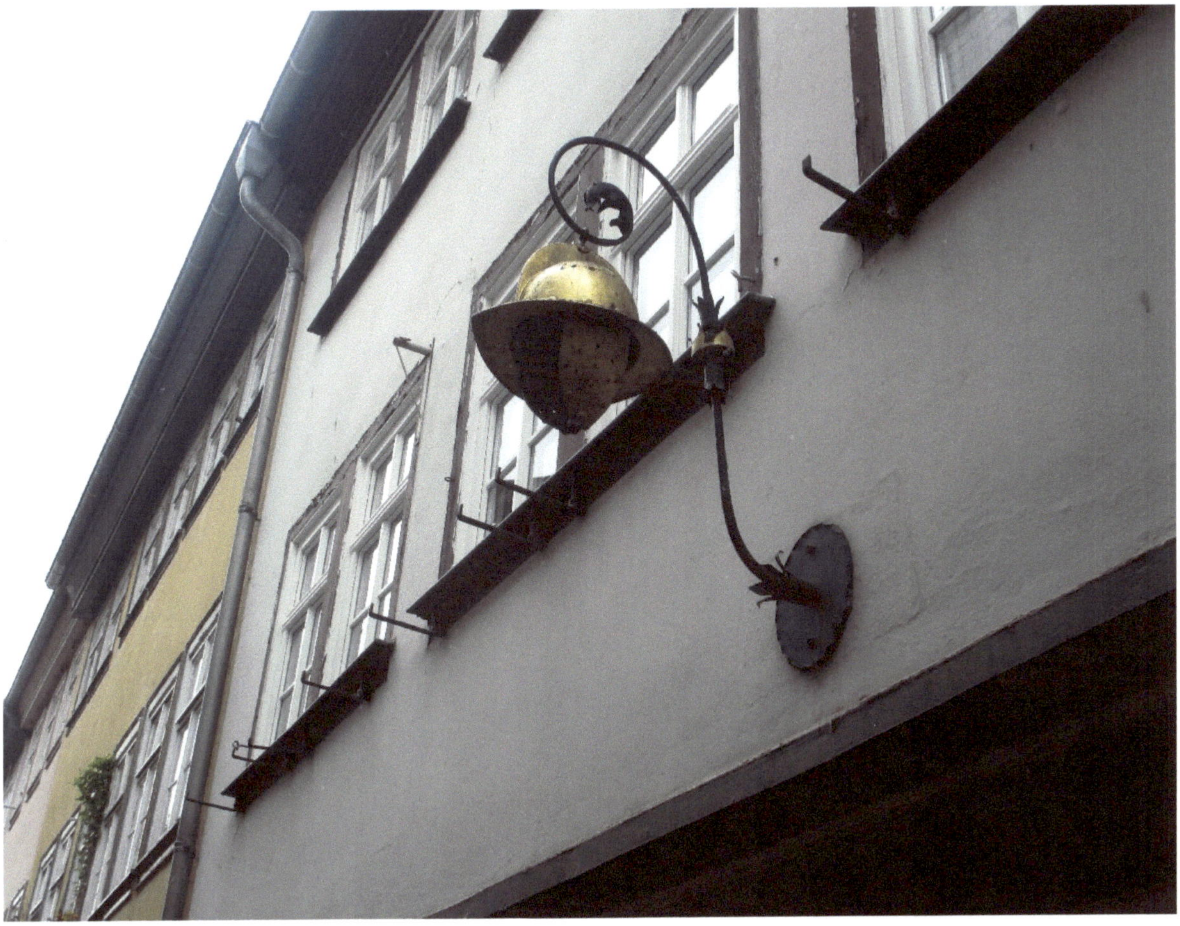

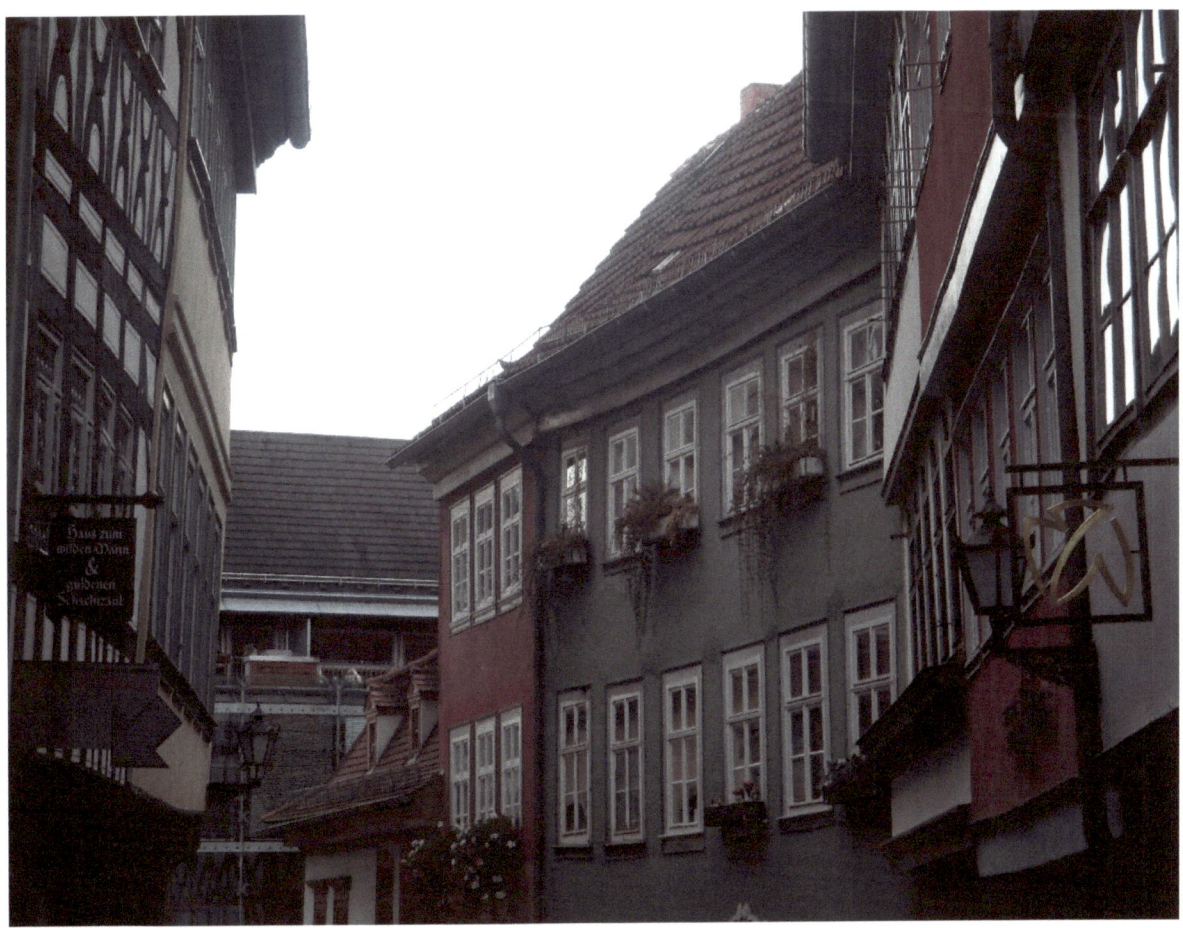

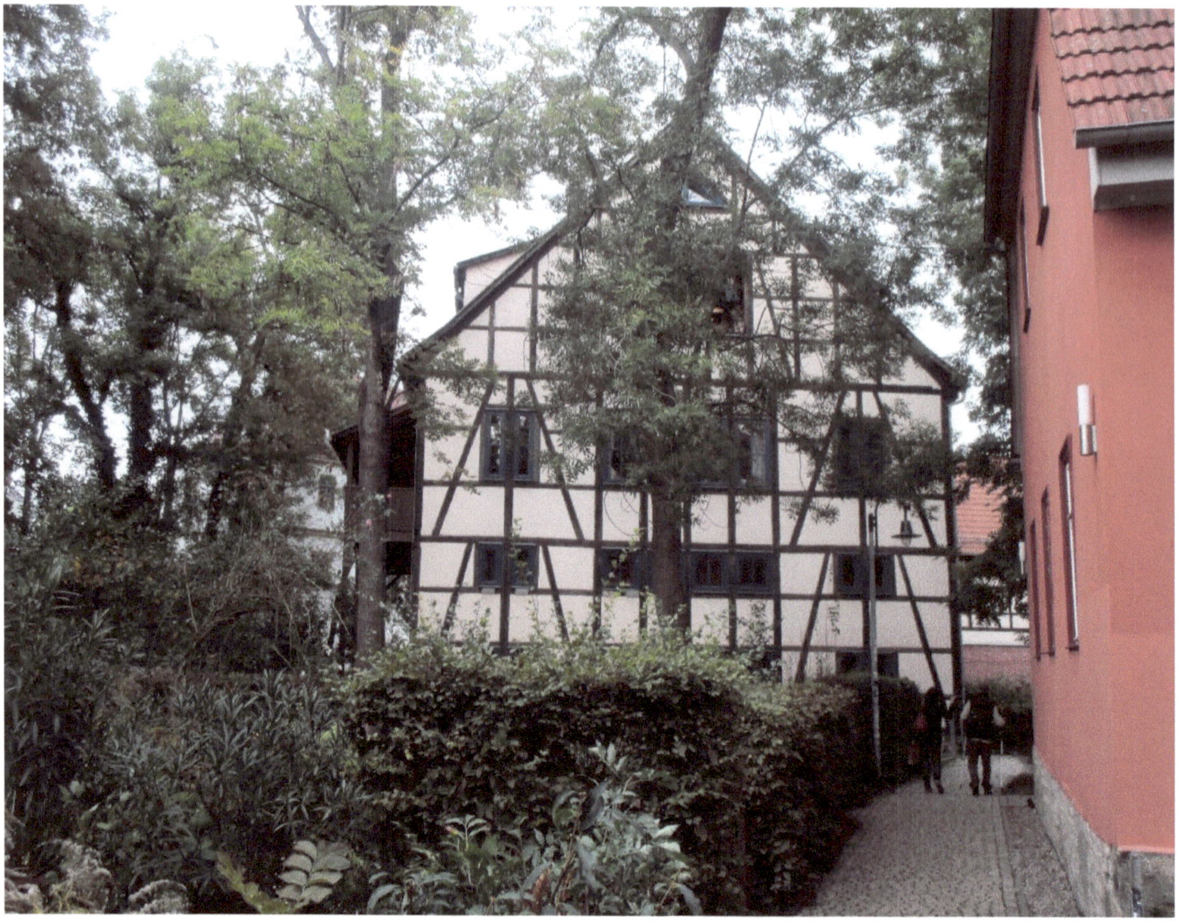

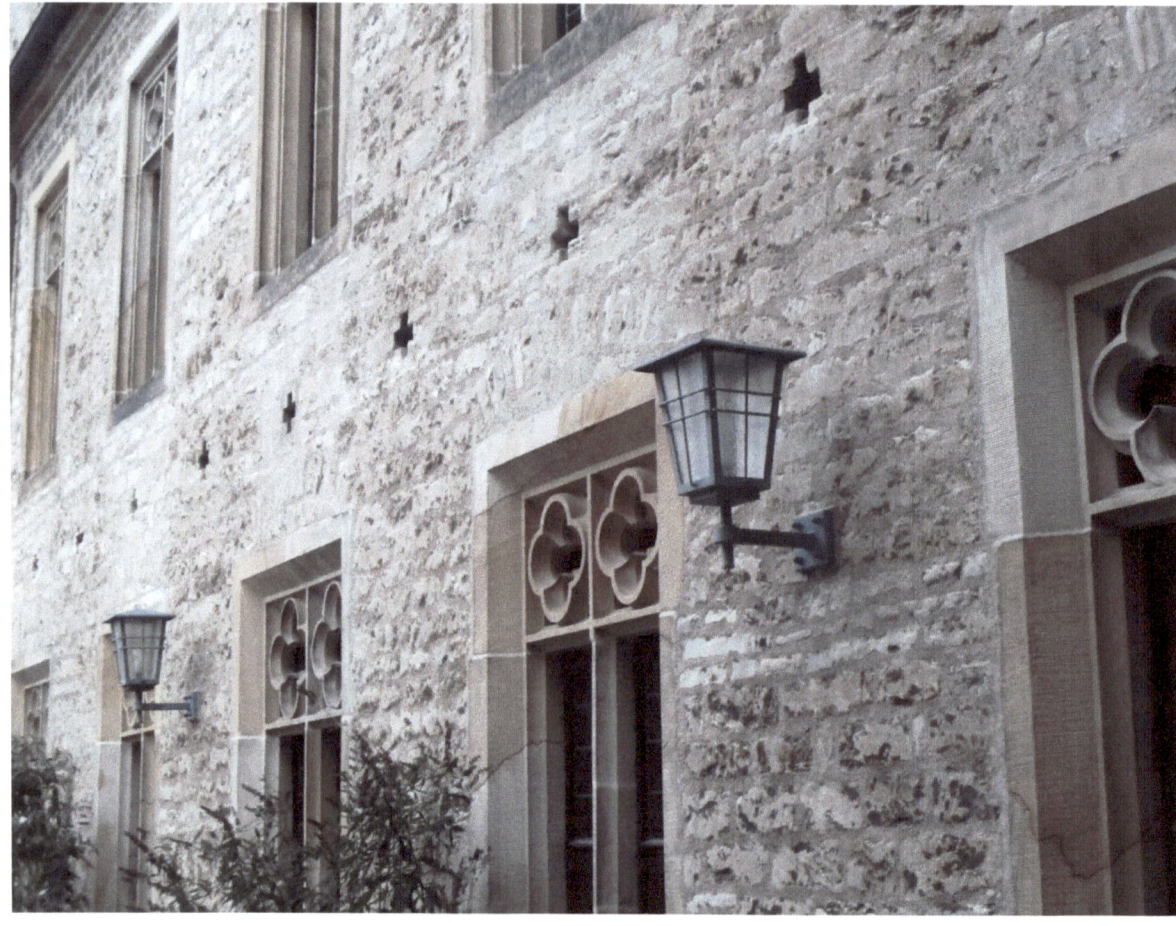

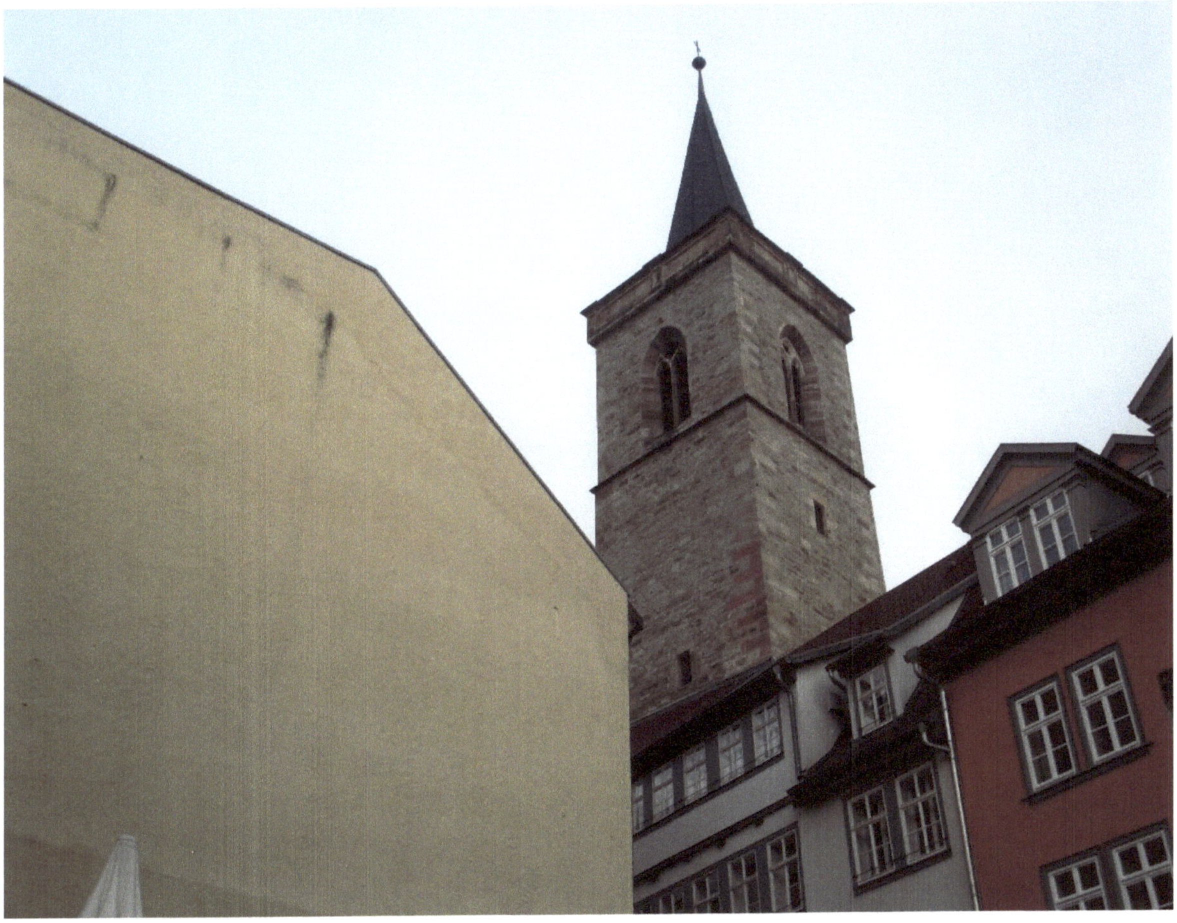

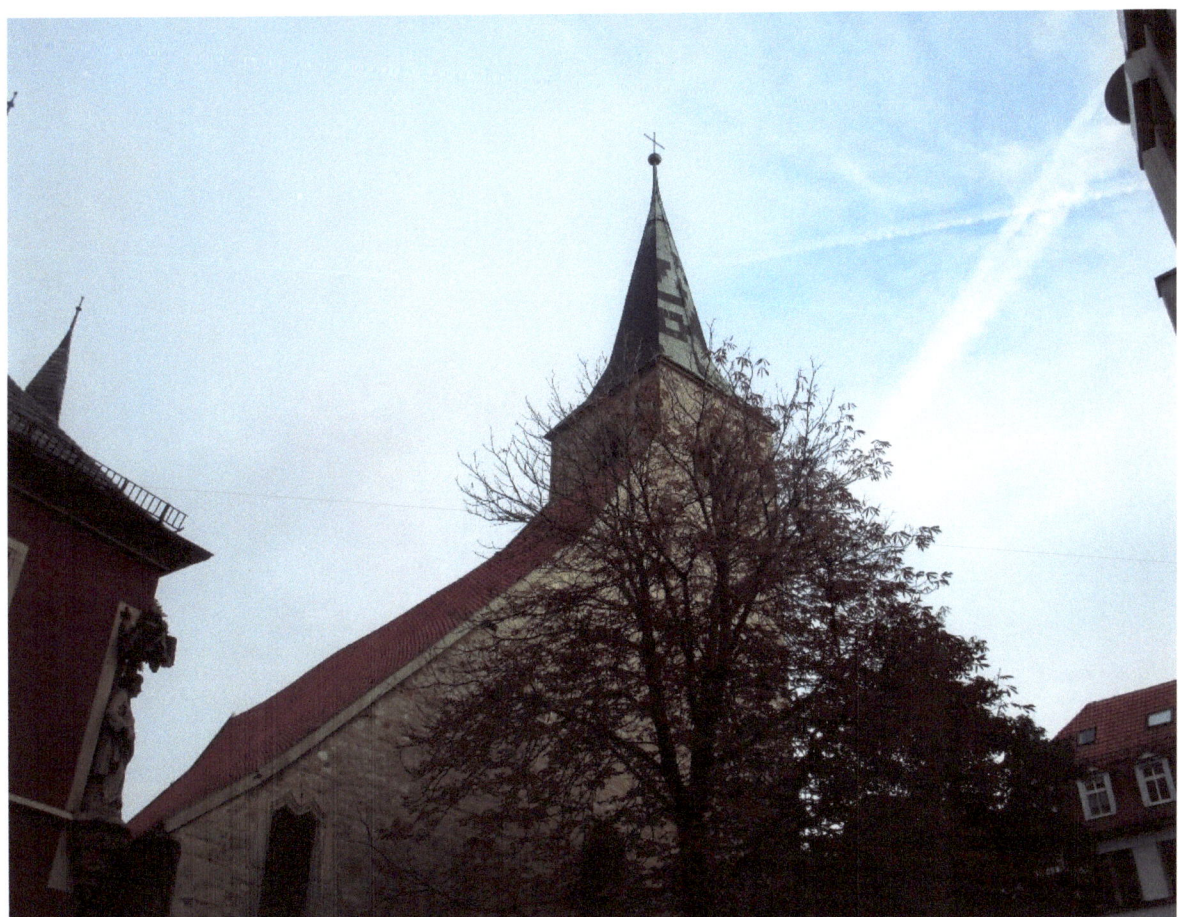

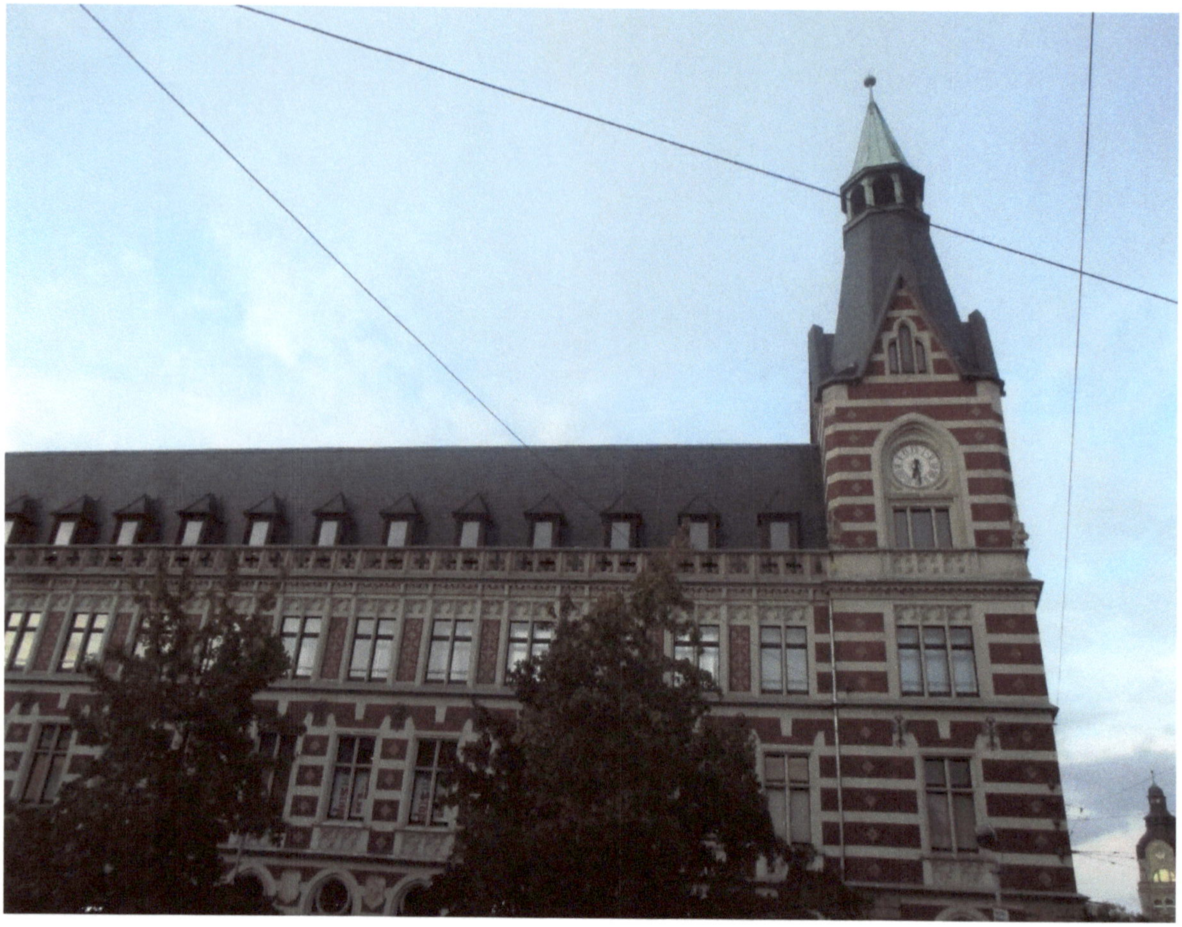

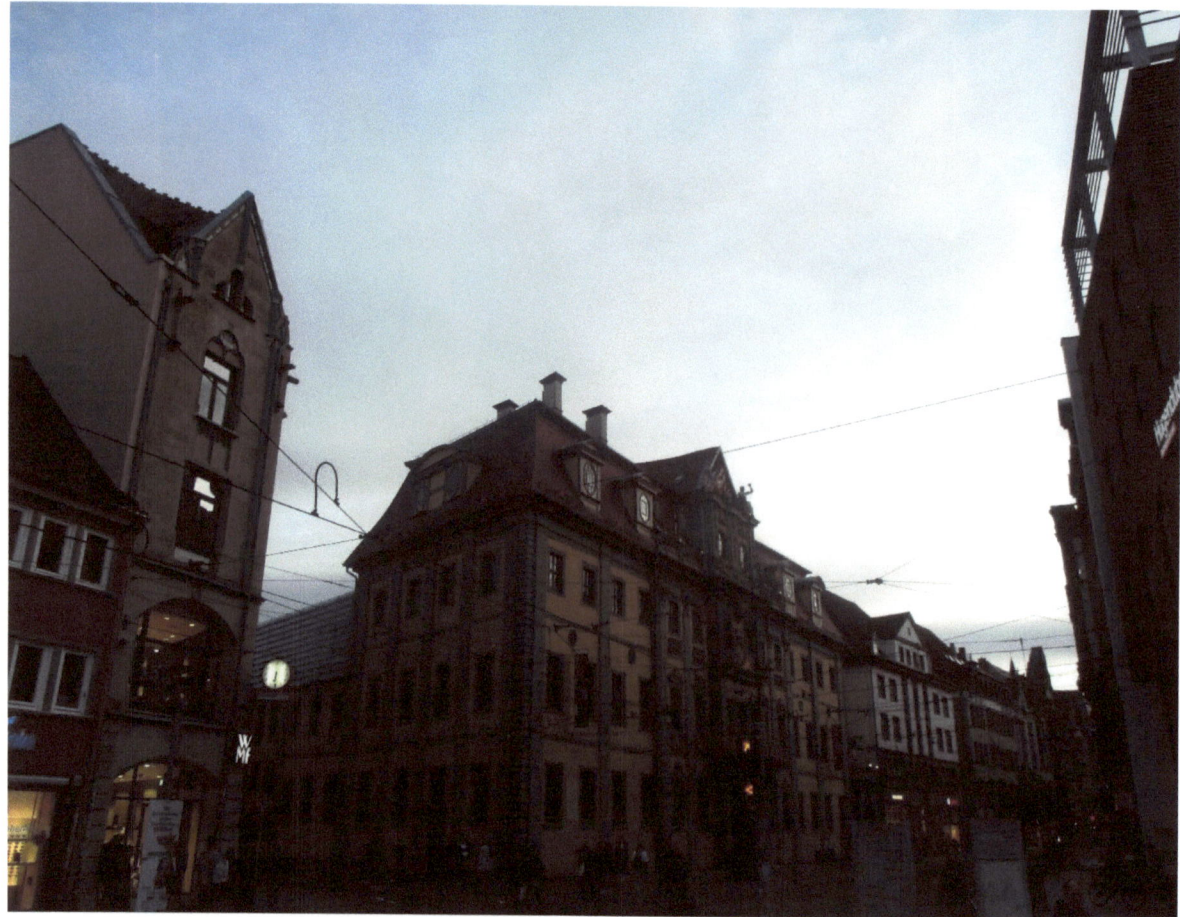

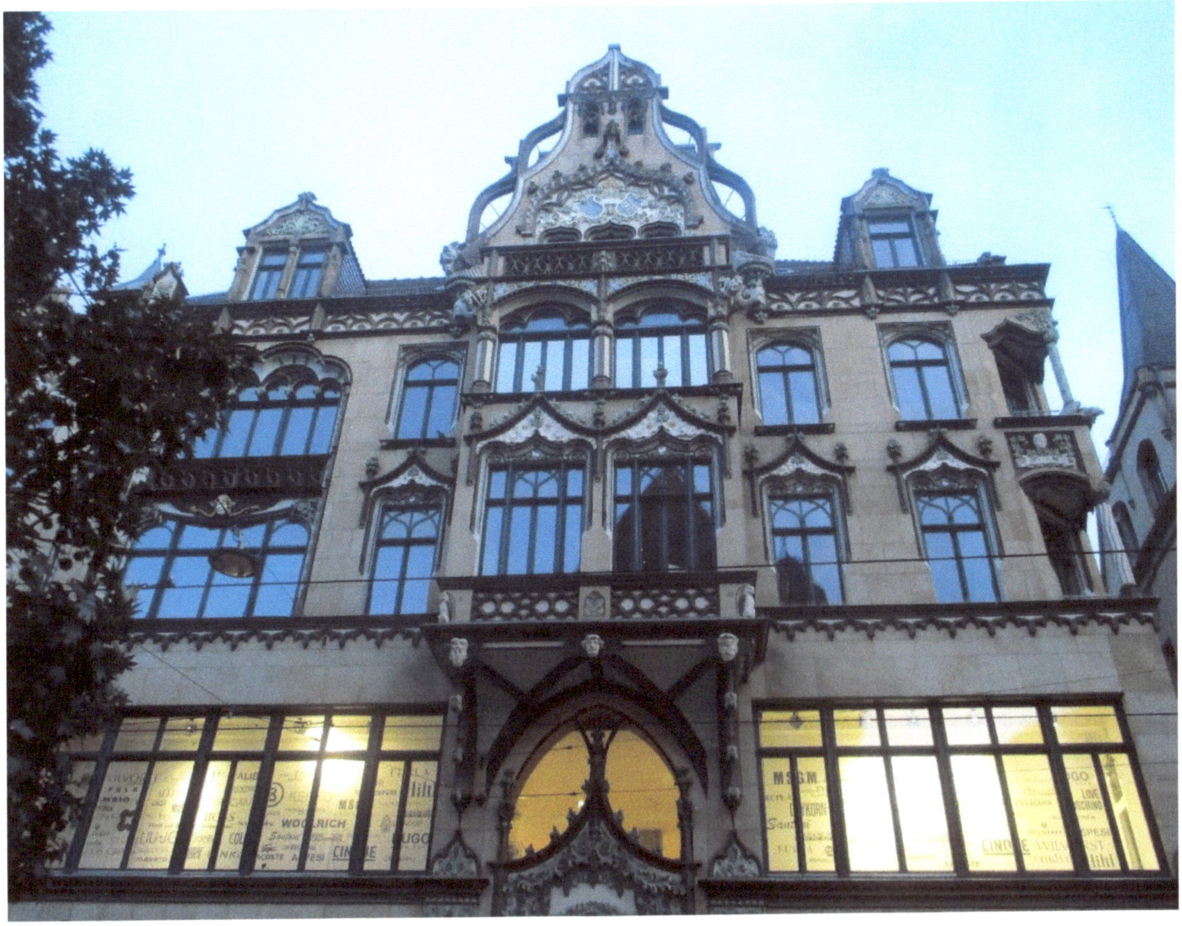

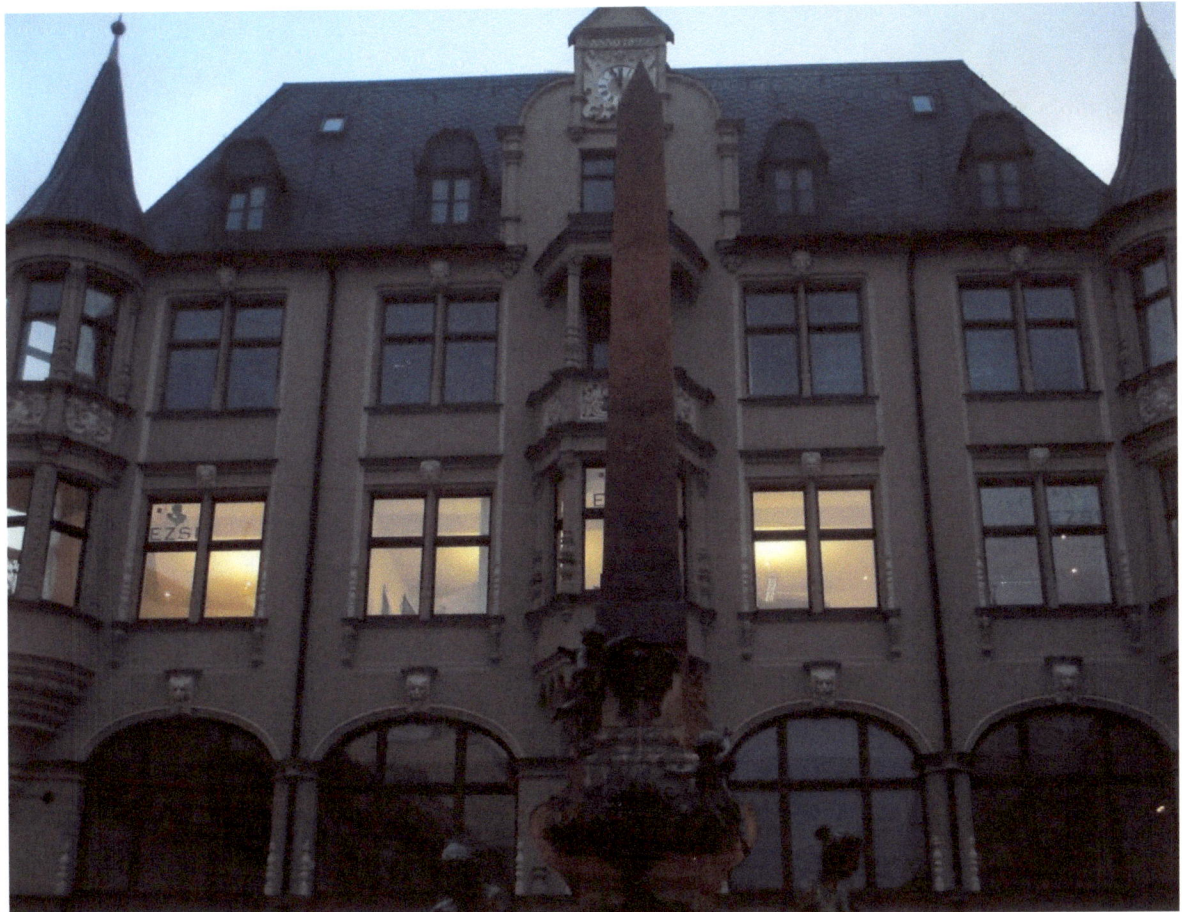

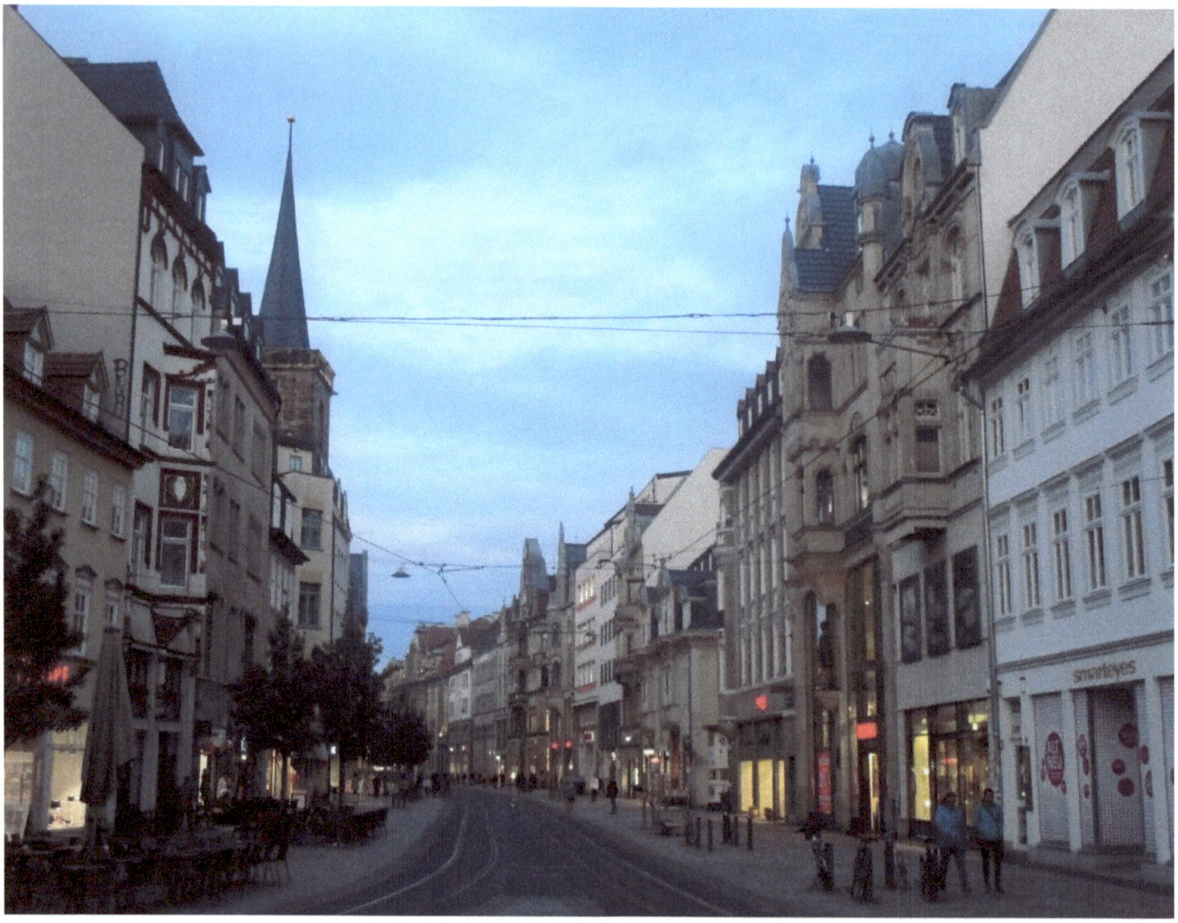

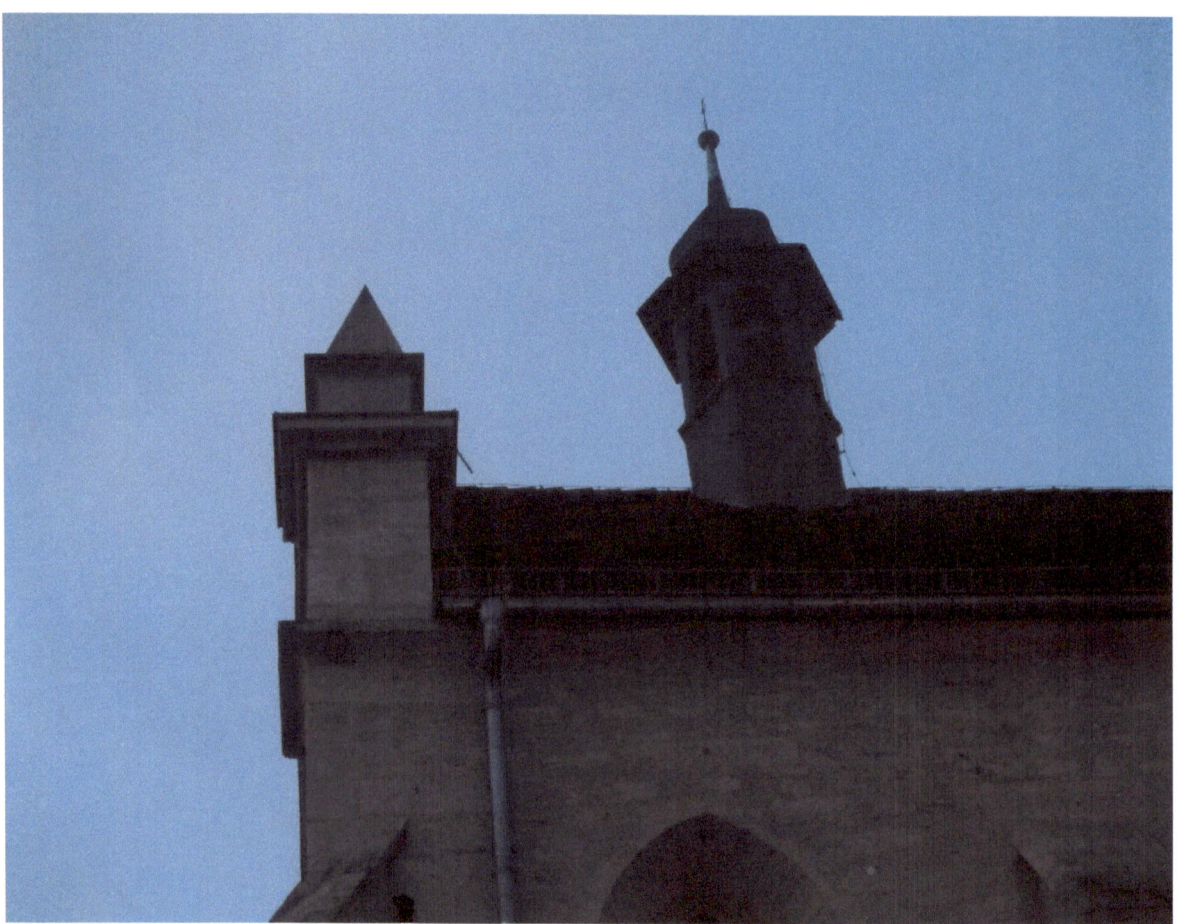

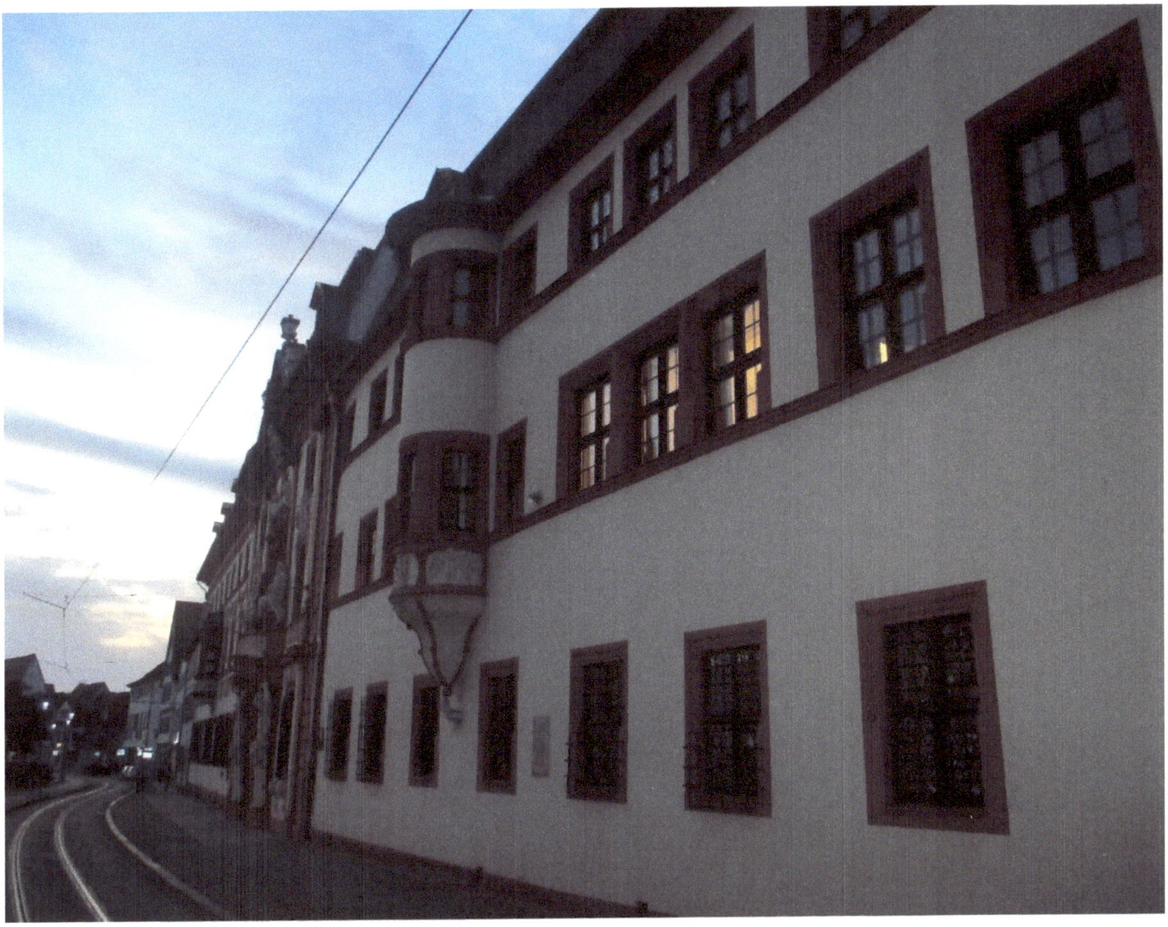

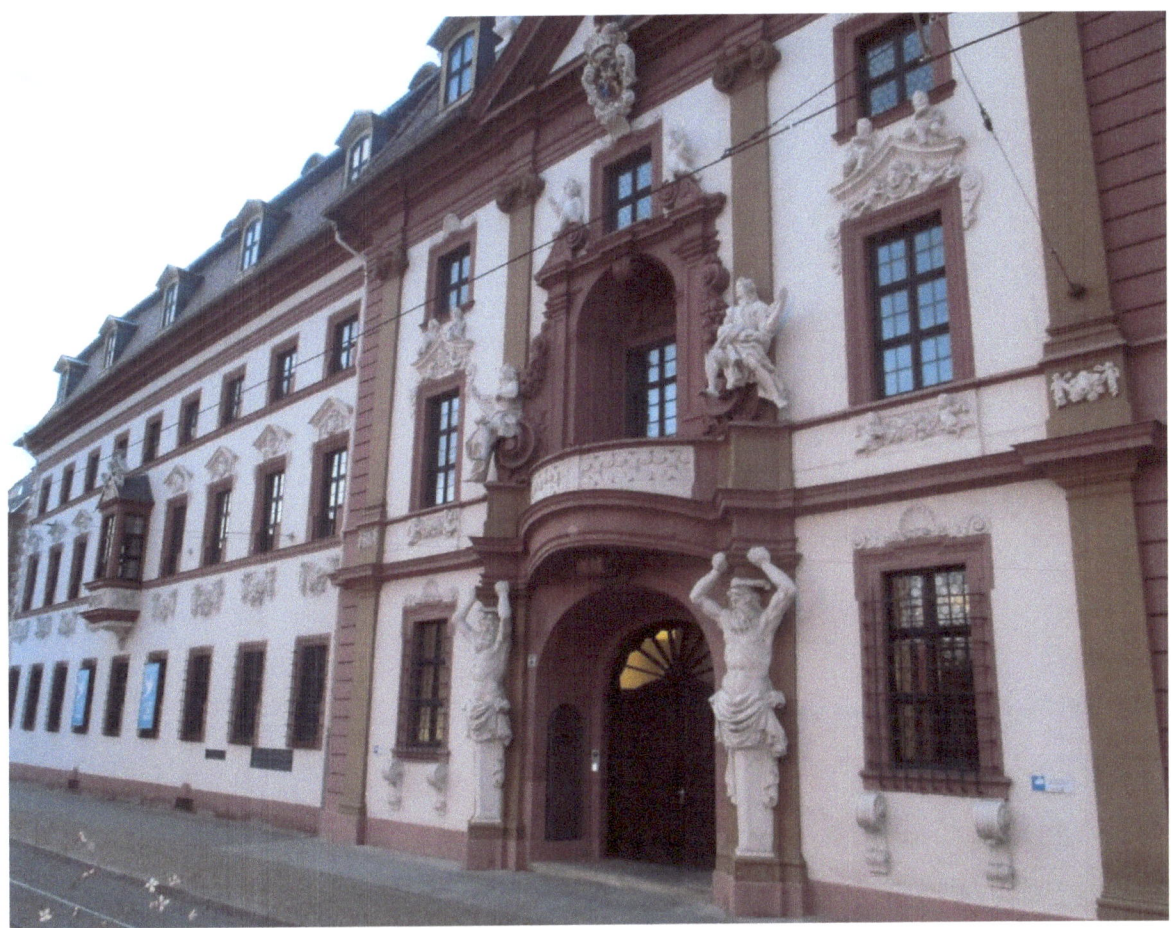

www.ingramcontent.com/pod-product-compliance
Lightning Source LLC
Chambersburg PA
CBHW051208220526
45473CB00003B/950